DALAI LAMA

Kultiviere

einen klaren Geist

Otter Verlag

Titel der englischen Originalausgabe:
Cultivating a daily meditation; © Dalai Lama XIV;
Selections from a discourse on Buddhist view, meditation and action
© 1996 Library of Tibetan Works and Archives, Dharamsala, India

einzig berechtigte deutschsprachige Ausgabe
© Copyright: 2003 Otter Verlag, München
© Alle Fotos entnommen aus dem Kunstband: Verborgene Schätze aus Ladakh,
Otter Verlag, München
Alle Rechte über Text und Bilder ausdrücklich vorbehalten
Übersetzung aus dem Englischen: Angelika Binczik
Satz/Layout: Angelika Binczik
Druck: Westermann Druck Zwickau GmbH
© Foto auf der Titelseite: Elmar Gruber
© Foto auf der Innenklappe: Angelika Binczik

ISBN 3-933529-06-9

INHALT

1 VERHALTEN UND TÄTIGKEIT ... 7
  A. Kennzeichen des Tibetischen Buddhismus ... 7
  B. Die Natur des Geistes ... 13
  C. Fragen und Antworten ... 19

2 DIE NATUR DES PFADES ... 27
  A. Die zwei Ebenen der Wahrheit ... 27
  B. Das Selbst ... 30
  C. Fragen und Antworten ... 32

3 ZWEI ESSENTIELLE TEXTE ... 47
  A. Acht Verse, den Geist zu schulen ... 47
  B. Eine Tantrische Meditation ... 53
  C. Fragen und Antworten ... 59

4 BUDDHISTISCHE AUSSICHTEN ... 69
  A. Vollständige Praxis ... 69
  B. Die vier edlen Wahrheiten und abhängiges Entstehen ... 70
  C. Hinayana, Mahayana, Tantrayana ... 75
  D. Korrekte Umgebung ... 76
  E. Zufluchtssymbole ... 78
  F. Physische Niederwerfung und Atmung ... 80
  G. Fragen und Antworten ... 82

5 WEIHEIT ENTDECKEN ... 89
  A. Motivation ... 89
  B. Bewusstsein ... 90
  C. Unwissenheit: Greifen nach einem unabhängigen Selbst ... 94
  D. Visualisation der Zufluchtsobjekte ... 98
  E. Den Erleuchtungsgeist zu erzeugen ... 100
  F. Fragen und Antworten ... 106

6 BUDDHAS WEG ... 111
  A. Meditation über den Erleuchtungsgeist ... 111
  B. Konzentration, Meditation ... 113
  C. Mantra Rezitation ... 117
  D. Meditation auf die Leerheit ... 121
  E. Fragen und Antworten ... 126

ANHANG ... 141
EINE TANTRISCHE MEDITATION, FÜR ANFÄNGER VEREINFACHT
VON TENZIN GYATSO, DEM 14. DALAI LAMA ... 141
  A. Vorbereitung für die Sitzung ... 141
  B. Die vorbereitenden Meditationen ... 142
  C. Zufluchtnehmen ... 143
  D. Die Visualisation ... 143
  E. Die Mantrarezitation ... 149

Buddha Shakyamuni, umgeben von seinen Schülern Shariputra und Maudgalyayana

1
VERHALTEN UND TÄTIGKEIT

A. Kennzeichen des Tibetischen Buddhismus

Es gibt zwei Wege, den Buddhadharma zu lehren:
Der Lehrer kann in der Rolle des Lehrers zum Schüler sprechen. In bestimmten Fällen können pujas abgehalten werden, eine Darbringung materieller und mentaler Opferungen, wodurch den Lehren Respekt und starke Hingabe gezeigt wird.
Die Diskussion kann aber auch ganz zwanglos ablaufen, nicht wie zwischen Lehrer und Schüler.
Wir werden hier dem letzteren der beiden Wege folgen. Ich werde keinen bestimmten Text benutzen, sondern einfach die essenziellen Lehren des Buddha erklären. Dabei sollte sich jedermann so frei fühlen, Fragen zu stellen.
Ich halte es für wichtig, dass Sie eine grundlegende Vorstellung davon bekommen, wie sich der Buddhadharma in Tibet erhalten hat, denn er ist bis heute eine lebendige Tradition, und nicht nur eine Fortsetzung mündlicher Überlieferungen. In unserer kleinen Flüchtlingsgemeinschaft gibt es Menschen, die mit Hilfe ihrer eigenen Praxis außergewöhnliche Erfahrungen gemacht haben. Unsere Tradition ist ausgesprochen lebendig.
Obgleich dies, wie ich zuvor gesagt haben, eine zwanglose Diskussion sein soll, möchte ich als buddhistischer Mönch einen Vers zu Buddha Gautamas Lob rezitieren:

Ehre diesem vollkommenen Buddha,
Dem höchsten Philosophen,
Der uns das abhängige Entstehen lehrte,
Frei von Zerstörung und Erschaffung,
Ohne Vernichtung und Dauer,
Ohne Kommen und Gehen,
Weder Einheit noch Vielfalt,
Die Beruhigung von Fabrikation,
Die letztendliche Glückseligkeit!

Wie sie vielleicht wissen, gibt es zwei Hauptschulen des Buddhismus: Mahayana, das als größeres Fahrzeug übersetzt wird; und Hinayana, dem kleineren Fahrzeug.

Das System des kleineren Fahrzeugs, wurde von Buddha Shakyamuni in öffentlichen Belehrungen dargelegt. Die Belehrungen des größeren Fahrzeugs wurden Gruppen von Menschen gegeben, die bereits Schüler waren. Die letzteren Belehrungen erklären nicht nur Techniken, den Geist zu schulen, sondern auch Tantrayana, oder Techniken, um mit vitalen Energien und Zentren des Körpers zu arbeiten.

Der Buddhismus, wie er von Einzelnen während der letzten Jahrhunderte in Tibet bewahrt und praktiziert wurde, ist vollständig, und umfasst alle drei Ebenen dieser Lehren.

Nehmen sie zum Beispiel meine eigene Praxis. Ich habe die *bhikkshu* Gelübde (Mönchsgelübde) angenommen, gemäß dem *Sutra der klösterlichen Disziplin*, oder der Essenz der Lehren des kleineren Fahrzeugs, in denen die Regeln mit eingeschlossen und verbindlich sind für Mitglieder der klösterlichen Gemeinschaft. Mein tägliches Leben und Verhalten basieren auf diesen Lehren; ich lebe wie ein Mönch. In unserer Tradition beachten vollordinierte Mönche 253 Regeln. Wir müssen sie einhalten.

Über dies praktiziere ich täglich die Meditationen des ruhiges Verweilens (*shamatha, zhi gnas*) und der besonderen Einsicht (*vipashyana, lhag mthong*), ebenfalls Belehrungen des kleineren Fahrzeugs.

Doch meine Hauptpraxis, den Erleuchtungsgeist (*bodhichitta, byang chub sems*) zu entwickeln, basierend auf Mitgefühl (*karuna, snying rje*) und Liebe (*maitri, byams pa*), stammt aus den Belehrungen des größeren Fahrzeugs. Dann praktiziere ich soviel ich kann die sechs Vollkommenheiten (*paramitas, phar phyin*), Freigebigkeit, Disziplin, Geduld, Ethik, Meditation und Weisheit. Das sind Belehrungen des größeren Fahrzeugs.

Dazu praktiziere ich Gottheitenyoga mit den Mandalas. Diese Praxis gehört zu den Techniken der Tantrayana Belehrungen.

So konnte man in Tibet die Essenz dieser drei Lehren gleichzeitig praktizieren. Das ist das einzigartige Kennzeichen des Tibetischen Buddhismus, seine große Bandbreite an Techniken.

Um dennoch mit einer einfachen Annäherung zu beginnen, können wir sagen, dass alle Belehrungen von Buddha Shakyamuni in zwei Kategorien eingeteilt werden können: Verhalten und Sicht.

Das Verhalten, das Buddha lehrte, ist Gewaltlosigkeit (*ahimsa, tshe med zhi ba'i lam*), nicht zu verletzen. Andere nicht zu verletzen beinhaltet auch, ihnen zu nutzen und für ihr Wohlergehen zu arbeiten. Die meisten großen Weltreligionen lehren Gewaltlosigkeit. Sie lehren uns warmherzig zu sein, eine gute Motivation zu haben, einen guten Charakter. In ihrem Ziel der Menschheit zu nutzen, stimmen die großen Weltreligionen überein.

Um dies abzuschließen: Es sind viele unterschiedliche Philosophien aufgetaucht, seit es menschliche Wesen vieler unterschiedlicher Veranlagungen gibt. Für bestimmte Leute sind bestimmte Philosophien brauchbarer und wirkungsvoller als andere. Daher können sich Menschen mit unterschiedlicher Veranlagung und unterschiedlichem Interesse, mit Praktiken solcher Systeme beschäftigen, die ihnen am meisten nutzen.

Ungeachtet dieser unterschiedlichen Philosophien ist der wichtigste Punkt der, einen gezähmten und disziplinierten Geist und ein warmes Herz zu haben.

Von dieser Perspektive aus betrachten wir zwei unterschiedliche Philosophien und Wege in Bezug zu unserer spirituellen Situation.

Einige Religionen lehren von Gott, als einem Schöpfer und uns, den Geschöpfen. Letztendlich hängen die Dinge dann von Gott ab, und wenn wir in Übereinstimmung mit den Wünschen Gottes handeln, werden wir dauerhaftes Glück erlangen. Die Person ist nichts, und der Schöpfer ganz wichtig. Bestimmten Personen, denen man erklärt, dass alles in der Hand des Schöpfers liegt, handeln dann in Übereinstimmung, wenn sie nichts gegen seine Wünsche unternehmen Das gibt ihnen mentale Zufriedenheit und moralische Stabilität.

Andere nähern sich religiösen Philosophien mit Skepsis. Sie verlassen sich auf wechselseitige Abhängigkeit. Wenn ihnen erklärt wird, dass die Dinge nicht in den Händen eines allmächtigen Schöpfers liegen, sondern in ihren eigenen, gewinnen auch sie mentale Zufriedenheit und moralische Stabilität.

Das entspricht der buddhistischen Herangehensweise. Obgleich Buddhisten sagen können, dass jemand gegen die Wünsche Buddhas handelt, wenn er andere verletzt, liegt darin nicht die Bedeutung der Lehren Buddhas. Buddha lehrte, dass das Leiden, welches wir nicht wünschen und die Freude, die wir begehren und an der wir hängen, alles Produkte von Ursachen sind, und dass wir unser gesamtes Schicksal in unserer Gewalt haben.

Im Buddhismus gibt es keinen Schöpfer. Der letztendliche Schöpfer ist unser eigener Geist. Dieser Geist ist an sich rein und von positiver Motivation, unsere verbalen und physischen Handlungen können positiv werden und heilsame Ergebnisse erzeugen, Ergebnisse, die angenehm und wohltuend sind.

Andererseits, wenn unser Geist grob bleibt, begehen wir harte verbale und physische Handlungen, die anderen naturgemäß schaden, oder sie verletzen; das Ergebnis davon ist dann unangenehm und schmerzhaft. Man kann anderen nicht die Schuld für das eigene Leid geben. Man kann sich nur selbst dafür tadeln. Die Verantwortung dafür liegt auf den eigenen Schultern.

Die Buddhisten glauben an Selbstgestaltung. Da gibt es keinen allmächtigen Gott oder Schöpfer.

Als der Buddha das Verhalten des Nicht-Verletzens lehrte, lehrte er die Sicht des abhängigen Entstehens, als ihre Ergänzung der Weisheit.

Abhängiges Entstehen gemäß der buddhistischen Lehren bedeutet – wie oben vorgebracht – dass das Glück, an dem wir hängen, die Folge einer Ursache ist, ebenso wie das Leid, das wir nicht begehren, gleichsam die Folge einer Ursache ist. Daher sollten wir danach streben, die Ursache für Glück zu kultivieren, und die Ursache für Leid aufzugeben.

Abhängiges Entstehen ist detailliert in den *„Zwölf Gliedern des abhängigen Entstehens"* erklärt, von dem das erste die Unwissenheit, und das letzte der Tod ist.

Die Glieder werden als ein Kreislauf erklärt. Das bedeutet jedoch nicht, dass wir mit Unwissenheit beginnen und mit Tod enden, und so den gesamten Kreis vervollständigen, und die Existenz beenden; sondern die Glieder sind verschiedene Stadien der Unwissenheit, und jedes Beispiel für Unwissenheit hat seine eigene Handlung, die ihrerseits Wiedergeburt verursacht. Ein endloser Kreislauf. Es muss erneut hervorgehoben werden, dass abhängiges Entstehen Glück und Leid erklärt, die wir erfahren als das Ergebnis von Ursachen.

Wie Buddha in den Sutren erklärt hat, haben bestimmte Handlungen auch bestimmte Ergebnisse zur Folge, und alle Ergebnisse, oder

Früchte, sind Produkte der eigenen Handlungen und Ursachen. Abgesehen davon gibt es keinen Schöpfer. Noch gibt es ein „Selbst" mit inhärenter Existenz, das unabhängig wäre von dem Prozess von Ursachen und Wirkungen.

Buddha lehrte zwei Gruppen von Ursache und Wirkung. Eine Gruppe ist die der Ursache und Wirkung von Täuschungen. Wenn beispielsweise die Ursache negatives Denken ist, so ist das Ergebnis davon Leiden. Die andere Gruppe ist die, bei der Ursache und Wirkung ähnliche Identität haben, zum Beispiel eine positive Ursache und eine freudige Wirkung.

Diese Belehrung ist in den *„Vier edlen Wahrheiten"* ausgedrückt, mit denen der Buddha zum ersten Mal das Rad der Lehre gedreht hat.

Die erste Wahrheit ist die Wahrheit des Leids, die in drei Arten von Leid aufgeteilt ist.

1. Das Leid des Leidens, der mentale und physische Schmerz, der von Menschen, Tieren und dergleicheb erfahren wird.
2. Das Leiden der Veränderung.

Das bezieht sich auf das Leiden, wie zum Beispiel Hunger und Durst. Wir essen und trinken, um das Leiden zu überwinden, doch wenn wir fortfahren zu essen und zu trinken, kreieren wir andere Probleme.

Das Leiden der Veränderung wird besonders in den so genannten entwickelten Ländern erfahren. Wenn dort die Menschen etwas neues bekommen, fühlen sie sich glücklich. Sie haben eine neue Kamera, eine neue Fernsehanlage, einen neuen Wagen, und für einen Augenblick sind sie sehr glücklich. Bald jedoch beginnt ihr Glücksgefühl zu verwischen, wenn die neuen Dinge Ärger machen. Sie werfen das Ding dann weg und wollen ein neues haben. Sie bekommen es, und wieder beginnt das selbe Spiel: Anfangs große Freude und Zufriedenheit, doch bald Verärgerung. Das ist es, was wir unter Leiden der Veränderung verstehen.

3. Das Leid des sich Bedingens, der Konditionierung.

Die Hauptursache dieses Leidens bilden unsere psychophysikalischen Aggregate, ein Produkt unserer eigenen verunreinigten Handlungen und Täuschungen.

Das sind die drei Arten von Leiden, die in der ersten edlen Wahrheit enthalten ist, der Wahrheit vom Leiden.

Nirvana, oder Befreiung, bedeutet Freisein von unserem Leiden. Freisein von den ersten beiden Kategorien allein, bedeutet jedoch noch nicht Nirvana.

Wir können sagen, wenn wir hier sitzen und es uns behaglich ist, sind wir frei von dem ersten Leiden, dem Leiden des Leidens. Doch wir sind möglicherweise immer noch geplagt von der zweiten Art des Leidens, dem Leiden der Veränderung.

Es gibt Menschen, die auf Grund ihrer geistigen Ruhe, Einsicht und Meditation in der Lage sind, über die Erfahrung dieser groben Arten des Leidens und des Glücks zu gelangen, und in einem neutralen Zustand des Geistes zu verharren. Sie sind frei von den ersten beiden Arten von Leiden. Aber nur wenn dies Personen auch frei sind von der dritten Art des Leidens, frei von ihren sich bedingenden Aggregaten, geschaffen durch verunreinigte Handlungen und Täuschungen, haben sie Nirvana erreicht.

Um Befreiung von Leiden zu erlangen, müssen wir deren Quellen genauer untersuchen. Die Untersuchung hängt mit der zweiten edlen Wahrheit zusammen, der Ursache des Leidens.

Es gibt zwie Arten von Ursachen:

1)   Unsere physischen und verbalen Handlungen, und
2)   die Täuschungen unserer Geisteszustände.

Wenn ich beispielsweise in diesem Augenblick, in dem ich zu ihnen rede, nette Worte und liebevolle physische Handlungen begehe, kreiere ich eine angenehme Atmosphäre. Andererseits, wenn ich harte Worte und schroffe physische Handlungen begehe, wie Schläge, kreiere ich, als unmittelbares Ergebnis dieser Handlung, eine unangenehme Atmosphäre.

Während eine Person handelt, ob physisch oder verbal, hinterlässt sie einen Eindruck in ihrem eigenen Bewusstsein. Das Bewusstsein, in das die Person den Eindruck einprägt, wird *zeitweilige Grundlage für den Eindruck* genannt. Die Person oder das Selbst, zu dem das Bewusstsein gehört, wird *die dauerhafte Grundlage für den Eindruck*

genannt.
Auf Grund des Eindruckes, den die Handlung dieser Person in ihrem Bewusstsein hinterlassen hat, ist sie daran gebunden, die Konsequenzen ihrer Handlungen zu erfahren, ungeachtet der Zeitspanne, die verstreicht.
Das erklärt die Erfahrung des Leidens, das wir nicht wünschen und seiner Ursache.
Die Dritte edle Wahrheit ist die Wahrheit der Beendigung des Leids.
Nirvana, der Zustand, in dem man dauerhaft von Leid befreit ist, kann in diesem Leben erlangt werden.
Das Mittel, mit dem wir das erlangen, ist der Pfad zum Beenden von Leid, der Vierten edlen Wahrheit.
Die Grundlage auf der wir uns selbst von Leid befreien müssen, ist das Bewusstsein, der Geist. Die Wahrheit des Pfades zur Beendigung bedingt die Kultivierung eines sehr verfeinerten Geisteszustandes, einem, mit einer besonderen Qualität an Weisheit begabt.
Um unseren Geist von Leiden und seinen Befleckungen zu befreien, müssen wir verstehen, was unter dem Begriff „*Die Weisheit der Leerheit*" zu verstehen ist oder unter dem Bewusstsein, welches mentale Täuschungen beseitigt und die Natur der Wirklichkeit erkennt.
Weil das Verständnis von Leerheit sehr wichtig ist, gibt es zahlreiche unterschiedliche Erklärungen dazu. Da gibt es beispielsweise die vier Hauptschulen des indisch buddhistischen Denkens, und die anderen, die sich davon ableiten.

B. Die Natur des Geistes

In buddhistischen Texten heißt es, dass das Kriterium dafür, etwas als existent oder nicht-existent vorauszusetzen, das ist, ob es durch stichhaltiges Erkenntnisvermögen wahrgenommen wird oder nicht. Etwas, das durch stichhaltiges Erkenntnisvermögen wahrgenommen wird, ist existent; und etwas, das durch stichhaltiges Erkenntnisvermögen nicht wahrgenommen wird, ist nicht-existent.
In der Kategorie existenter Objekte gibt es zwei Arten von Phänomenen:

I. Vorübergehende oder gelegentliche Phänomene, die mal da

sind und manchmal nicht;

II. Dauerhafte Phänomene, die immer da sind, wie zum Beispiel Raum.

Die Tatsache, dass Phänomene gelegentlich existieren zeigt, dass sie von Ursachen und Bedingungen abhängen, darum nennt man sie Produkte. Die Phänomene, die nicht von Ursache und Bedingungen abhängen, existieren dauerhaft oder ewig, und man nennt sie Nicht-Produkte.

In der ersten Kategorie von Phänomenen gibt es viele unterschiedliche Arten von Phänomenen. Einige unter ihnen haben die Qualität der Sichtbarkeit wie Form, Größe, Farbe und so weiter, und sie sind gemeinsam bekannt unter dem Begriff Form. Andere Arten von Phänomenen, die zwar Produkte sind, aber ohne die Qualität von Form zu besitzen, werden formlos genannt, zum Beispiel Bewusstsein und Wissen. Dann gibt es noch eine andere Art von Phänomen, eine mehr abstrakte Wesenheit wie Zeit, Selbst und so weiter. Folglich gibt es solche Phänomene wie Form, Bewusstsein und abstrakte Dinge, die keines der beiden sind. Formen beinhalten Phänomene wie die Objekte unseres sensorischen Bewusstseins. Das verweist auf Form, die von unserem Augenbewusstsein wahrgenommen wird, Geruch wird von dem Nasenbewusstsein wahrgenommen, ebenso verhält es sich mit Klang, Berührung und Geschmack.

Wir haben zwei Hauptgruppen von Bewusstsein:

1. Primär-Bewusstsein, das von seinen jeweiligen Sinnesfähigkeiten abhängt, als ihre sofortige Bedingung;
2. Sekundär-Bewusstsein, oder Geisteshaltungen und Elemente, die keine eigene bestimmte Sinnesfähigkeit besitzen, die aber das Primär-Bewusstsein immer begleiten. Sie sind auch als Geistesfaktoren bekannt.

Primär-Bewusstsein wird in zwei Gruppen geteilt:

a) Sinnes-Bewusstsein, das an Sinnesfähigkeiten gebunden ist, und
b) Geistes-Bewusstsein.

51 Arten sekundärer Geisteshaltungen und Elemente werden erklärt. Diese beinhalten die 5 allgegenwärtigen sekundären Geisteselemente: Gefühl, Erkenntnis, geistige Impulse, entschlossene Aufmerksamkeit und Kontakt.

Sie werden „allgegenwärtig" genannt, weil sie ständig jedes primäre Geistes-Bewusstsein begleiten.

Dann gibt es die 5 urteilsfähigen Geistesfaktoren, die 11 allgemein heilsamen Geistesfaktoren, die 6 Wurzelbefleckungen oder Täuschungen, die 20 sekundären Täuschungen und die 4 wandelbaren Geisteshaltungen.

Sensorisches Bewusstsein erscheint in Abhängigkeit von 3 Hauptbedingungen. Um beispielsweise das Augen-Bewusstsein zu betrachten, das dieses Buch wahrnimmt: Die Tatsache, dass das Augen-Bewusstsein das Buch alleine, und nicht den Tisch wahrnimmt (auf dem es liegt), ist seiner ausschließenden Qualität in Bezug zu seinem Beobachtungsobjekt zu verdanken.

Anhänger der *Vaibhashika*-Schule sagen, dass das Bewusstsein ohne jeglichen Aspekt seines Objektes erscheint. Ein Text „*Schatz des Wissens*" erklärt, dass es das physische Auge ist, die Sinnesfähigkeit, die das Objekt sieht, und nicht das Bewusstsein selbst.

Andere buddhistischen Schulen, wie die *Sautrantika* und die höheren Schulen, sagen: Das Bewusstsein nimmt sein Objekt durch den Aspekt des Objektes wahr.

Obgleich es also viele unterschiedliche Sichtweisen dazu gibt, ob äußere Phänomene überhaupt getrennt von Bewusstsein existieren, werde ich dies in Übereinstimmung mit dem System erklären, das der Ansicht ist, externe Phänomene existierten getrennt von Bewusstsein.

Dieses Buch dient als Voraussetzung für die Beobachtung, und es hat die Qualität, dem begreifenden Bewusstsein zu erscheinen, von dem es dann wahrgenommen wird. Dass dieses Bewusstsein eine Form sieht und keinen Klang hören kann, rührt von der exklusiven Qualität seiner Hauptbedingung, nämlich der Sinnesfähigkeit des Auges ab. Der bloße Zusammenfluss – von Objekt, als Bedingung für Beobachtung und der Sinnesfähigkeit, als Hauptvoraussetzung – bedeutet nicht, dass jemand notwendigerweise diesen Bewusstseinszustand erfahren wird. Während des Schlafes beispielsweise, oder wenn der Geist durch etwas anderes abgelenkt ist, können wir etwas ansehen, ohne dessen gewahr zu sein.

Dies zeigt, dass es, neben den beiden oben genannten Voraussetzungen, eine weitere geben muss, und das ist die unmittelbar vorausgehende Bedingung. Das bezieht sich auf den vorhergehenden Bewusstseinsmoment, der eine Wahrnehmung durch Erfahrung möglich macht. Das Objekt ist da, und das Augen-Bewusstsein ist da, doch wenn das Gehirn nicht gut funktioniert, kann dieses Bewusstsein nicht funktionieren, nicht entstehen. Das zeigt, dass hier das Gehirn ein ergänzender Faktor ist.

Doch das Gehirn alleine hat nicht die Kraft oder Möglichkeit eine Augenbewusstseinserfahrung zu produzieren und das wiederum zeigt, dass es noch einen weiteren Faktor gibt, nämlich das Geistbewusstsein, welches vom Gehirn abhängt.

Die Art und Weise, in der sensorische Bewusstseinszustände, wie Augen-Bewusstsein, Nasen-Bewusstsein und so weiter erscheinen, und ihre jeweiligen Objekte wahrnehmen, sind einander ähnlich.

Es heißt, sensorisches Bewusstsein sei nichtbegrifflich. Obwohl wir zum Beispiel dieses Buch im Allgemeinen ansehen, gibt es einen bestimmten Faktor, der die Aufmerksamkeit in diesem einen Artikel bündelt, oder auf dieses bestimmte Stück Material. Wie früher schon erklärt, wenn unser Geist von einer Form angezogen wird, auf die wir sehen, werden wir einen Klang nicht registrieren, selbst wenn wir ihn hören. Wir sind dessen nicht gewahr, wir werden ihn nicht bemerken. Genau so verhält es sich, wenn wir von einem melodiösen Klang gefesselt sind, wir mögen etwas sehen, doch werden dessen nicht gewahr, und später können wir uns nicht daran erinnern.

Dies zeigt, dass ein bestimmter Faktor neben dem sensorischen Bewusstsein mitspielt, und dieser Faktor ist das Geistbewusstsein.

Es gibt zwei Arten von Geistbewusstsein: Begriffliches und nichtbegriffliches. Nichtbegriffliches Geistbewusstsein ist auch als direkte Wahrnehmung bekannt.

Abgesehen von den Unstimmigkeiten zwischen den verschiedenen Schulen darüber, ob es selbsterkennende, direkte Wahrnehmung gibt oder nicht, akzeptieren die buddhistischen Schulen drei direkte Wahrnehmungen: sensorische, mentale und yogische direkte Wahrnehmung. Die Letztere wird durch Meditation erlangt.

Alle sechs Primär-Bewusstseinszustände, begonnen mit dem visuellen bis hin zum mentalen Bewusstsein, haben alle die fünf *„allgegenwärti-*

gen" Geistesfaktoren. Die restlichen der einundfünfzig Faktoren, sind manchmal da, und manchmal fehlen sie.
Gemäß ihrer unterschiedlichen Funktionen werden die Bewusstseinszustände in zwei Gruppen unterteilt: Wirksames und unwirksames Erkenntnisvermögen.
Um das gewünschte Ergebnis zu erlangen, müssen wir dem wirksamen Erkenntnisvermögen folgen.
Er gibt zwei Arten von Ergebnissen bezüglich wirksamen Erkenntnisvermögens: anhaltende und unterbrochene Ergebnisse.
Es gibt drei Arten unwirksamen Erkenntnisvermögens: Nicht-Wahrnehmung des Objektes, irriges und unschlüssiges Bewusstsein. Die Nicht-Wahrnehmung schließt das Bewusstsein mit ein, das mit dem Erscheinen eines Objektes anwesend ist, es jedoch nicht registrieren, nicht erkennen kann. Eine andere Art irrigen Bewusstseins ist bloßes Übernehmen. Irriges Bewusstsein ist dasjenige, das sein Wahrnehmungsobjekt verdreht.
Es gibt drei Arten von unschlüssigem Bewusstsein. Eines neigt sich zur Wahrheit hin, eines zu falschen Wahrnehmungen, und ein drittes ist gleichermaßen ausgewogen zwischen den beiden anderen.
Es gibt verschiedene Ebenen unwirksamen Bewusstseins. Um diesem zuwider zu handeln, gibt es verschiedene Phasen der Transformation von Bewusstsein.
In der ersten Phase muss man der einspitzigen, irrigen Sicht entgegenwirken, und dafür haben wir Methoden, wie Denkweisen, bei denen man die Natur einer bestimmten Idee untersucht.
Nachdem die Kraft der Einspitzigkeit erlangt ist, kommt die Phase des Zauderns, und dann noch subtilere Unschlüssigkeit. Wir überwinden diese, indem wir erneut nachforschen.
Danach benutzen wir die Vernunft, um den Gegenstand durch Schlussfolgerung zu verstehen. Wenn wir dann mit diesem Gegenstand vertraut sind, erlangen wir den Zustand, in dem das Bewusstsein nicht-begrifflich wird.
Es gibt drei Arten von Weisheit: Die, welche aus Zuhören, die, welche aus Nachdenken und die, welche aus Meditation hervorgeht. Ebenso gibt es zahlreiche Wege, jeden dieser drei Weisheiten zu unterteilen.
Dies ist lediglich eine Basiserklärung über die Natur des Bewusstseins. Um das Thema im Einzelnen zu verstehen, muss man zuerst die Dar-

stellung der unterschiedlichen Bewusstseinsobjekte verstehen, dann die Mittel mit Hilfe derer man diese verschiedenen Objekte erkennt, und dann die Art und Weise, wie das Bewusstsein mit dem jeweiligen Objekt zusammenarbeitet.

Es gibt verschiedene Arten, wie Bewusstsein seine Objekte bindet. Dafür haben nichtbegriffliche Bewusstseinszustände das, was man erscheinendes Objekt nennt, aber kein Objekt des In-Begriffe-Fassens. Begriffliches Denken hat das Objekt des In-Begriffe-Fassens, wie auch eine bestimmte Art von Objekt, das so genannte Objekt des Ergreifens.

Auch die Phänomene sind in zwei Kategorien zu unterteilen: Bejahende Phänomene und verneinende Phänomene.

In Bezug auf beide Kategorien, gibt es auch verschiedene Arten begrifflichen Denkens, zum Beispiel diejenigen, welche negativ wahrnehmen und solche, die bejahende Aspekte wahrnehmen.

Zum Beispiel ist dieses Buch ein bejahendes Phänomen. Daher müssen wir, um dieses Buch wahrnehmen zu können, seinen gegenteiligen Faktor eindeutig verneinen, nämlich kein Buch.

Auf der anderen Seite, wenn wir sagen, dieser Tisch ist ohne Bücher, arbeitet das Bewusstsein hier in negativer Weise; es verneint sein Objekt der Verneinung, in diesem Falle: Buch. Solch eine Wahrnehmung ist nur möglich mittels Verneinung von etwas; es kann auf bejahende Weise nicht wahrgenommen werden.

Verneinende Phänomene werden ebenfalls in zwei Kategorien eingeteilt: Bejahende verneinende Phänomene und nichtbejahende verneinende Phänome. Allgemein gesagt, es gibt fünfzehn Arten verneinender Phänomen, aber sie sind in diesen beiden Hauptkategorien nichtbejahender und bejahender verneinender Phänomen verdichtet.

Es gibt vier Arten bejahender verneinender Phänomene: Solche, die andere Phänomene eindeutig beeinflussen; solche, die andere Phänomene indirekt beeinflussen; solche, die andere Phänomene sowohl eindeutig, als auch indirekt beeinflussen; und solche, die andere Phänomene aus dem Zusammenhang heraus beeinflussen.

Im letzten Fall, wenn wir wissen, dass etwas eins von zwei möglichen Wesenheiten ist, und wenn wir sagen, es sei nicht diese, dann wissen wir, ohne es zu sagen, dass es die andere ist.

Ein Beispiel dafür, wie wir erkennen, dass etwas indirekt ist, ohne es klar auszudrücken: Ein dicker Mann isst tagsüber nicht, woraus hervorgeht, dass er nachts isst.

Ein Beispiel für eine nichtbejahende Behauptung ist: "Dieser Brahmane trinkt keinen Alkohol." Die Behauptung verneint lediglich, dass der Brahmane Alkohol trinkt, aber sie lässt nicht darauf schließen, dass er irgend etwas anderes trinkt.

Es ist sehr wichtig, diese verneinenden Phänomene zu verstehen, da Leerheit, als ein verneinendes Phänomen, nur von der verneinende Annäherung her erklärt werden kann.

C. Fragen und Antworten

Frage: Sie scheinen ausdrücken zu wollen, dass bestimmte religiöse Praktiken für bestimmte Menschen geeignet sind. Wie kann man wirklich wissen, welche Praktik für einen selbst geeignet ist?

Der Dalai Lama: Zu Beginn experimentiert man einfach mit verschiedenen Methoden, die wirksam sein mögen. Später, auf einer höheren Stufe, kann man, ausgelöst durch Träume, oder andere unüblich Erfahrungen, spezielle Wege erforschen.

Was ich meinte, als ich sagte, dass alle Hauptreligionen das eine Ziel haben, bessere Menschen zu machen, bedeutet einfach, dass sie in dieser Hinsicht übereinstimmen. Darüber hinaus gibt es Unterschiede innerhalb der zahlreichen spirituellen Traditionen.

Zum Beispiel glauben die Christen, dass Menschen letztendlich in den Himmel kommen können. Andere wie Buddhisten und einige antike indische Traditionen glauben, dass Menschen Nirvana erlangen können, Befreiung (*moksha*).

Außerdem gibt es selbst im Buddhismus unterschiedliche Definitionen von Nirvana. Die *Vaibhashika*-Schule zum Beispiel, eine Schule des geringeren Fahrzeuge im Buddhismus, behauptet, *MahaParinirvana*, die große Stufe des letztendlichen Nirvana, die von einem erleuchteten Wesen zum Zeitpunkt des physischen Todes erlangt werden kann, sei kein Zustand, der nur frei von geistigen Täuschungen ist, sondern auch frei von Geist selbst. Für sie existiert keine Kontinuität des Geistes. Gemäß dieses Verständnisses, ist Buddha Shakyamuni gegenwärtig nur eine historische Figur. Er existiert nicht mehr.

Nagarjuna bestritt dies, und behauptete, dass das, was wir Nirvana oder Befreiung nennen, ein Zustand ist, in dem der Geist vollständig frei von allen Täuschungen ist. Dies bedeute nicht, dass der Geist selbst auch aufgehört hat zu existieren. Es muss eine Person geben, die diese Stufe von Nirvana verwirklicht hat. Nagarjuna erörterte den Zustand dieser Person im Einzelnen.

Selbst unter den Systemen, die der Existenz von Nirvana zustimmen, gibt es Meinungsverschiedenheiten. Und selbst unter den Buddhisten gibt es Meinungsverschiedenheiten in Bezug auf die Darstellung.

Wenn Christen gefragt würden, ob es eine christliche Praxis gibt, durch die ein solcher Zustand von Nirvana erlangt werden kann, müsste die Antwort nein sein. Ebenso müsste die Antwort nein sein, wenn wir Buddhisten fragen würden, ob es eine buddhistische Praxis gibt, durch die wir in den Himmel gehen könnten, wie es die Christen tun. Um den Zustand von Nirvana zu erlangen, wie er im Buddhismus erklärt wird, muss ein komplettes System von Methoden praktiziert werden.

Es gibt viele Menschen, die an der Praxis eines solchen Weges nicht interessiert sind. Für sie mögen andere spirituelle Traditionen geeigneter sein.

Frage: Da dieser Pfad so sehr vom Verstand abhängt, könnte es da keine Tendenz geben, unübliche Erfahrungen als unlogisch abzutun, und sie nicht zu untersuchen?

Der Dalai Lama: Es gibt da so etwas wie yogische direkte Wahrnehmung. Solche Erfahrungen sind gegenwärtig für die meisten von uns verborgen, so können wir ihre Existenz lediglich durch Schlussfolgerung verstehen.

Bestimmte Erfahrungen können wir durch unseren groben Geisteszustand folgern und andere Erfahrungen durch subtile Geisteszustände. Während des Schlafes, im Traumzustand, hat unser Bewusstsein einen subtileren Zustand erreicht, als während des Wachzustandes, und das gibt uns die Möglichkeit, einen flüchtigen Eindruck bestimmter Erfahrungen zu gewinnen, wie es im Wachzustand nicht möglich ist, wenn der Geist in gröberem Zustand aktiv ist.

Darum kann man sich tatsächlich während des Traumzustandes auf

bestimmte Untersuchungen einlassen.
Im Wachzustand kann man durch Beweisführung folgern, dass das Bewusstsein, mit dessen Hilfe man *weiß*, die Qualität der Klarheit hat, das Potential, Dinge ohne jegliche Verdunkelung zu *wissen*. Durch den Vorgang der Beweisführung, untersuchen und weisen wir die Möglichkeit unüblicher Erfahrungen nach; zum Beispiel, dass bestimmte Dinge existieren, die man lediglich mit Hilfe unüblicher Methoden verstehen kann, wie eben Erfahrungen in Träumen.

Frage: Wie interpretieren wir Träume? Braucht es Geschick, eine psychologische Annäherung oder was?

Der Dalai Lama: Wir sprechen hier nicht über Träume im Allgemeinen, sondern zum Beispiel über Träume, die sich ständig wiederholen. Die wichtigen Träume sind nicht die, welche wir unmittelbar nach dem Einschlafen haben, sondern vielmehr die, welche wir im Morgengrauen erleben.
Wenn man es ernst meint mit diesem Experiment und weiterkommen möchte, zu einem tieferen Zustand, untersucht man Träume unter Zuhilfenahme bestimmter Yogas, die subtile körperliche Windenergien verwenden. Mit dieser Praxis, werden Träume klarer und unmissverständlicher.
Gewöhnlich halten wir Träume für etwas Illusorisches, ohne jedweden Wahrheitsgehalt. Gemäß der „Schule des Mittleren Weges" (*Madhyamaka*), der höchsten buddhistischen Schule, sind all unsere Erfahrungen des Bewusstseins, selbst während des Wachzustandes irrig, da sie vom Erscheinen der Objekte abhängen. Wir missverstehen unsere Erfahrungen wenn wir wach sind, deshalb können wir unsere Erfahrungen im Traum erst recht missverstehen.

Frage: Da Gefahr eine der Täuschungen zu sein scheint, welche Praxis ist dann nötig, um zwischen Täuschung und Realität unterscheiden zu können?

Der Dalai Lama: Wenn wir über das Bewusstsein während des Wachzustandes als irreführend sprechen, geschieht das gemäß der letztendlichen Ebene. Auf der herkömmlichen Ebene existiert gültiges Erkenntnisvermögen.

Es gibt zwei Arten gültigen Erkenntnisvermögens: Direktes und schlussfolgerndes. Meistens gebrauchen wir das Letztere während des täglichen Lebens, indem wir unser eigenes Verstehen hinterfragen und das der anderen. Wenn wir uns auf Grund des Hinterfragens in einem Zustand der Unentschlossenheit befinden, müssen wir vor allem Ruhe bewahren; es gibt keinen Grund beunruhigt zu sein, oder nervös zu werden. Die Theorie von Karma und die Erkenntnis, dass die gesamte weltliche Existenz von der Natur des Leidens ist, wird uns helfen ruhig zu bleiben. Dann müssen wir Untersuchungen anstellen.

Fragen: Wie können wir unterscheiden, wann der Geist uns fehlleitet und wann nicht? Der Geist ist das Instrument, das wir für die Erkenntnis benutzen. Und wenn der Geist selbst irregeführt ist, was können wir dann tun?

Der Dalai Lama: Das erfordert eine Erklärung der zwie Arten korrekter Sicht: Die rechte weltliche Sicht und die rechte Sicht, die jenseits der weltlichen Ebene ist.
Die Sicht, die jenseits der weltlichen Ebene ist, verweist auf die Erkenntnis der Natur der Phänomene, die Leerheit. Das Erscheinen der Phänomene, als ob sie eine Art inhärente Existenz hätten, als ob sie selbst existierten, ist eine irrige Wahrnehmung. Veranlasst durch den Einfluss irriger Wahrnehmungen, greifen wir nach ihrer mutmaßlichen wahren Existenz. Um zu wissen, dass unser eigenes Bewusstsein, das die Phänomene sieht, irrig ist, ist es nötig, erst einmal zu erkennen, das Phänomene selbst keine solch übertriebene Natur haben, dass sie nicht inhärent existent sind, dass ihnen wahre Existenz fehlt. Durch die Erkenntnis ihrer Natur, kann man sehen, dass das Bewusstsein, dem die Phänomene auf diese Weise erscheinen, ebenfalls irrig ist.
Wenn wir emotionale Leiden erfahren, wie Abneigung oder Anhaftung, erscheint das Objekt unseres Widerwillens oder Begehrens als etwas Solides und Unabhängiges, das sich niemals verändert. Wenn wir dann erkennen, dass das Objekt unserer Aufmerksamkeit nicht wirklich so existiert, wie wir es sehen, wird dies unsere geplagten Emotionen von Hass und Begierde vermindern. Auf dieser Stufe meditieren wir über die Leerheit.

Fragen: Ihre Heiligkeit, welche Art wirklicher Kontrolle haben wir über die Tätigkeiten von Karma auf einer etwas niedrigeren spirituellen oder intellektuellen Ebene?

Der Dalai Lama: Es gibt verschiedene Arten von Karma, und eine davon sammeln wir gemeinsam an, und müssen sie gemeinsam erfahren. Andere Arten von Karma sammeln wir individuell an, und müssen sie individuell erfahren.
Dass wir alle die Möglichkeit hatten, uns hier heute zu versammeln, ist das Ergebnis von Karma, das wir gemeinsam angesammelt haben. Dennoch bedeute das nicht, dass all diese Karmas am selben Platz, zur selben Zeit angesammelt worden sind.
Wir haben keine Kontrolle über Handlungen oder Karma, das wir in der Vergangenheit angesammelt haben. Wir müssen ihre Ergebnisse erfahren, oder uns von ihnen reinigen. Aber wir haben in sofern Kontrolle über unser eigenes Karma, als dass das, was wir in der Zukunft erfahren müssen, durch unsere eigenen Taten in der Gegenwart festgelegt wird.

Frage: Ich glaube das Dilemma ist das, wenn wir alle karmische Einflüsse tragen, die unsere Handlungen lenken, wo wirkt sich gleichzeitig, in Koexistenz mit dem karmischen Einfluss, freier Wille aus?

Der Dalai Lama: Wie ich soeben sagte, es gibt keine Kontrolle über Karma, das wir in der Vergangenheit angesammelt haben. Diese Handlungen sind getan worden, und haben Eindrücke in unserem Bewusstsein hinterlassen; wir müssen ihre Ergebnisse erfahren. Doch was wir in der Zukunft erfahren müssen, liegt in unserer eigenen Hand, wird von uns selbst festgelegt. Wenn wir zum Beispiel ein Verbrechen begehen, müssen wir, als Ergebnis davon, mit den Konsequenzen dieser Handlung rechnen.
Dennoch gibt es eine Möglichkeit vergangenes negatives Karma mit Hilfe der Praktik spiritueller Reinigung zu neutralisieren. Gleicherweise kann positives Karma, das in der Vergangenheit angesammelt wurde, durch kraftvolle negative Handlungen, wie Ärger, zerstört werden.
Es ist auch möglich, dass ein kraftvoller positiver karmischer Same ein

anderes nichttugendhaftes Karma überschüttet; und dass gutes Karma vor der Zerstörung durch Widmung bewahrt werden kann.

Frage: Was ist wiedergeboren? Irgendeine Identität Teil eines größeren Bewusstseins, Teil von etwas, das sich selbst wieder manifestiert?

Der Dalai Lama: Das „Ich".

Ein weiterer Frager: Aber ich weiß nicht, was dieses „Ich" ist. Wenn ich wiedergeboren bin, weiß ich nicht, dass es „Ich" ist. Ich erinnere mich nicht daran, was ich davor war. Wer bin ich?

Der Dalai Lama: Die Antwort auf die Frage – wessen Kontinuität von Bewusstsein es ist, wem es angehört – ist, dass es dem Wesen selbst gehört.
Ob jemand dieses Selbst, dieses Ich, finden kann oder nicht, ist eine völlig andere Frage.
Wenn jemand behaupten würde, dass wenn man in einem früheren Leben existiert hätte, man sich daran erinnern müsste, stimmt das nicht. An bestimmte Erfahrungen können wir uns erinnern, an andere, selbst aus diesem Leben, können wir es nicht. Doch auf Grund dessen können wir nicht behaupten: "Das war ich nicht."
Es gibt Menschen, die sich sehr klar an ihr früheres Leben erinnern. Doch gewöhnliche Menschen können sich nicht an frühere Leben erinnern, da die Ebene des Bewusstseins während der Zeit des Todes – der Zwischenzustand zwischen dem vorherigen und dem nächsten Leben – äußerst subtil ist. Die subtile Ebene des Geistes, auf der solche Erinnerungen gründen, kann nicht mit unserem groben Geistbewusstsein kommunizieren.
Eine Person, die einige Erfahrung darin hat, tiefere Bewusstseinsebenen zu gebrauchen, hat bessere Chancen, klarere Erinnerungen aus dem früheren Leben zu bewahren.

Frage: Sie sagten, bevor wir uns darauf einlassen sollten, das Leiden zu beenden, müssten wir sicher sein, dass Leiden beendet werden kann, wir müssten den Beweis dafür haben. Wie können wir diesen Beweis finden?

Der Dalai Lama: Da die Grundursache des Leidens bereinigt oder entfernt werden kann, kann das Leiden selbst entfernt werden.
Im Wesentlichen ist Täuschung die Grundursache. All diese Täuschungen sind in dem Verhalten des Greifens nach einem Selbst verwurzelt.
Wir müssen das irregeführte Bewusstsein klären, welches die Phänomene als inhärent existent erscheinen lässt.
Auch wenn alle buddhistischen Schulen über Methoden sprechen, dieses irregeführte Verhalten des Bewusstseins zu entfernen, erklärt das System des „Mittleren Weges", dass man die Leerheit verstehen kann, indem man logisches Denken für die Verneinung von inhärenter Existenz gebraucht. Durch eine solche Untersuchung kann man auch begründen, dass der Geist von Täuschungen befreit werden kann.

Frage: Ist Befreiung ein Aufdecken des ursprünglichen Zustandes, der Buddhanatur, die ja schon da ist?

Der Dalai Lama: Buddhistische Erklärungen sagen nicht, dass Lebewesen von einer reinen Quelle stammen, frei von allen Täuschungen. Unwissenheit hat keinen Anfang, ebenso hat Leiden keinen Anfang und hat zyklische Existenz (*samsara*) keinen Anfang. Sobald ein Wesen zu dem Zustand gelangt, an dem der Geist frei von Täuschung ist, wird dieser Zustand Befreiung genannt.
Die Buddhanatur ist ein Potential, das inhärent im Bewusstsein eines jeden enthalten ist. Wenn es durch irgendwelche Umstände aktiviert wird, kann jemand vollständig verwirklicht werden. Doch es ist nicht Buddhanatur selbst.
Letztendliches Nirvana muss durch das Aufhören von Leiden erklärt werden, oder durch die Ausdehnung des Phänomens Leerheit, in der all diese Täuschungen gereinigt sind. Es ist die Leerheit eines Geistes, frei von allen Täuschungen und mit Samsara identisch. Es gibt keinen Unterschied zwischen Samsara und Nirvana.
Zum Beispiel ist dieser Tisch frei von einem Elefanten. Das bloße Fehlen dieses Gegenstandes, dem Elefanten, gleicht der Art und Weise, in der Wirklichkeit frei von inhärenter Existenz ist, sowie frei von Täuschung.
Der Pfad zu erkennen, dass die Qualität von Nirvana *„frei sein von*

inhärenter Existenz" bedeutet, liegt in uns selbst, da unser Geist ebenfalls frei ist von inhärenter Existenz. Darum ist das Potential von Nirvana in unserem Geist.

Fehlen von unabhängiger Existenz ist der letztendliche Zustand, Leerheit (*shunyata*). Phänomene, die in Abhängigkeit von anderen Faktoren existieren, sind frei von unabhängiger Natur, von Unabhängigkeit selbst. Daher sind sie leer.

Befreiung oder Nirvana muss aus dem Blickwinkel eines Lebewesens erklärt werden, das frei von geistigen Fehlern ist. Wir können auf der Grundlage eines Buches nicht über Nirvana reden. Nirvana wird lediglich auf der Grundlage lebender Wesen erklärt.

In diesem modernen Zeitalter hat die Wissenschaft große Kenntnis, was Materie anbelangt, doch es scheint, dass sie nur sehr begrenzt über das Bewusstsein Bescheid weiß. Ohne tiefe Kenntnis über das Bewusstsein, ist der Nutzen, selbst über die gesamte Materie Bescheid zu wissen, fraglich. Auf jeden Fall, da für uns Wissen nicht nur durch fühlende Wesen im allgemeinen erworben wurde, sonder durch Menschen, liegt die Hauptzielsetzung dieses Wissen zu erwerben darin, der Menschheit zu nutzen.

Da dies so ist, halte ich es für sehr wichtig, ein ausgewogenes Verständnis zu haben: Wissen über das Bewusstsein durch innere Erfahrung; und Wissen über Materie. Wenn wir wissenschaftliche Untersuchungen einseitig angehen, und dabei die Wirklichkeit inneren Bewusstseins nicht in Erwägung ziehen, dann vernachlässigen wir automatisch die Erfahrung des Gefühls.

Zum Beispiel sind kraftvolle, zerstörerische Waffen eine wirklich grosse Leistung, von dem rein materialistischen Standpunkt aus gesehen, doch wenn wir es im Sinne des Nutzens für das Menschengeschlecht betrachten, ist ihr Wert fraglich.

Ich glaube, diese Diskussion, oder das Studium des Bewusstseins, ist nicht notwendigerweise eine religiöse Materie, sondern wichtig für technische Kenntnis, menschliche Kenntnis. Aus diesem Respekt heraus, hat östliche Philosophie, besonders buddhistische Philosophie, der modernen Welt etwas beizutragen.

2

DIE NATUR DES PFADES

A. Die zwei Ebenen der Wahrheit

Nachdem ich die Grundlage der Phänomene erörtert habe, werde ich nun die Stufen des Pfades erklären.
Wir alle wünschen von Natur aus Freude zu erlangen und Leid zu vermeiden. Der Buddhismus sagt, wir hätten ein natürliches Recht für diese beiden Nutzen zu arbeiten.
Die vielen unterschiedlichen Kategorien von Freude und Leiden können allgemein in körperliche und geistige Freuden und Leiden eingeteilt werden. Die Letzteren, also die Erfahrungen des Geistes, sind wichtiger als die des Körpers.
Der Buddha sagte, es gäbe Methoden, mit Hilfe derer man sich von geistigen Leiden befreien und Glückseligkeit erlangen könne. Diese Methoden werden in der dritten der vier edlen Wahrheiten erklärt, der Wahrheit von der Beendigung des Leidens.
Beendigung, auch Befreiung oder Nirvana genannt, ist ein Zustand der Wirklichkeit, der frei von allen Fehlern und Täuschungen ist.
Es ist möglich, den Geist von seinen Fehlern und Täuschungen zu befreien. Um zu verstehen wie, müssen wir die Natur der zwei Wahrheiten verstehen (im Unterschied zu den vier edlen Wahrheiten): Letztendliche Wahrheit und herkömmliche Wahrheit.
Meine Erklärung der letztendlichen und der herkömmlichen Wahrheit gründet auf dem Mittleren Weg (*Madhyamaka Prasangika*).
Die vier Hauptschulen, *Madhyamaka, Chittamatra, Sautrantika, Vaibhashika*, entstanden auf der Grundlage der tatsächlichen Worte des Buddha. Dennoch stehen die vier Hauptschulen im Widerspruch zueinander in Bezug auf das Diskussionsthema, jede erklärt ihre Darlegung für rechtgültig, indem sie die Worte Buddhas selbst zitiert.
Wie können wir sagen, eine sei rechtgültiger als die anderen? Buddha selbst empfiehlt, wie man sich dem Thema annähern muss:

Oh Mönche und weise Männer,

Akzeptiert meine Worte nicht einfach, weil ihr mich respektiert,
Sondern analysiert sie, wie der Goldschmied Gold analysiert,
Und dann akzeptiert sie.

Noch genauer empfiehlt es der *buddhistische Lehrsatz der vier Stützen*:

Vertraue nicht dem Lehrer, sondern den Lehren, die er gibt;
Vertraue nicht den bloßen Worten, sondern der Bedeutung dahinter;
Vertraue nicht der wörtlichen Bedeutung, sondern der endgültigen;
Vertraue nicht dem groben Bewusstsein, sondern der erhabenen Weisheit, welche die Bedeutung verwirklicht.

So hat Buddha selbst darauf gedrungen, dass wir seine eigenen Worte analysieren.
Wir sollten entscheiden welche Schule höher ist, nicht indem wir die Schriften alleine zitieren, sondern indem wir logisch denken.
Wie die *Chittamatra*-Schule, die auch als *Yogachara* bekannt ist, akzeptiert die *Madhyamaka*-Schule die Selbstlosigkeit der Phänomene, wohingegen die *Sautantrika* und die *Vaibhashika* dies nicht akzeptieren. Die zwei Letzteren, auch Schulen des kleineren Fahrzeugs genannt behaupten, Phänomene hätten ein Selbst oder inhärente Existenz.
Von den beiden vorhergehenden Schulen, schildert die *Madhyamaka*-Schule die Phänomene als bloß erzeugt durch den Eindruck im Geist. Die *Madhyamaka*-Schule ist in zwei Zweige unterteilt. Die *Madhyamaka Sautantrika* sagt, dass alle Phänomene nur den Bezeichnungen und Konzepten zuzuschreiben sind. Die *Madhyamaka-Prasangika*-Schule sagt, dass Phänomene selbstlos sind, aber in herkömmlichem Sinne existieren.
Gemäß den Nachforschungen, wird die letztendliche Wahrheit durch ein analytisches Bewusstsein entdeckt, das nach der Wirklichkeit von Phänomenen sucht, während die herkömmliche Wahrheit durch ein nicht-analytisches Bewusstsein entdeckt wird, das nach dem Gleichen sucht.
Aus der Sicht der herkömmlichen Wahrheit, scheint beispielsweise ein Buch seine eigene Unabhängigkeit zu haben, seine inhärente Selbstexistenz. Es ist ein Objekt, das wir aufnehmen, die Seiten umblättern und die Worte lesen können. Herkömmlich denken wir, dass dieses

Buch eine Essenz hat, die wir „Buch" nennen.
Aber wenn wir weiter nach dieser Essenz forschen, erkennen wir, dass dieses „Buch" lediglich die Sammlung seiner Teile ist, dass sein Ganzes aus den Teilen seiner Form besteht wie Farbe und Gestalt und aus seinem Zweck wie dem Transportieren der Bedeutung von Ideen; oder wenn man das Buch auf einen Stapel Papier legt, bewahrt man diese davor von unserem Tisch zu wehen.
Jedes Teil des Buches kann in weitere Teile zerlegt werden: Zum Beispiel in die Farbe, Tinte und Papier, auf dem die Tinte aufgetragen ist, und so weiter.
Wir können das Buch nur als das Ganze seiner Teile verstehen. Wenn wir nach seiner Essenz suchen, werden wir sie nicht finden.
Das ist die Wahrheit über alle Phänomene. Sie existieren zwar, aber nur auf der Ebene herkömmlicher Wahrheit.
Auf der Ebene letztendlicher Wahrheit existieren Phänomene nur in Abhängigkeit mit anderen Faktoren.
Alle Phänomene existieren unter der Bedingung, die abhängiges Erscheinen genannt wird.
Wenn wir versuchen ihre Essenz zu entdecken, finden wir – begriffliches Denken vorausgesetzt – lediglich Etiketten, die ihnen ihre Bezeichnungen wie „Buch" geben. Darüber hinaus ist das Bewusstsein mit solchen Etiketten abhängig von früheren und aufeinander folgenden Momenten des Bewusstseins, von denen ein Beginn nirgends zu finden ist. Es gibt keine anfängliche, inhärente, selbstexistente Grundlage für solch ein Konstrukt.
Lasst uns ein weiteres Beispiel betrachten, etwas abstrakteres als ein Buch. Was meinen wir damit, wenn wir ein Objekt als lang oder kurz bezeichnen? Wenn wir unsere Finger betrachten, ist der Ringfinger lang im Vergleich zu dem kleinen Finger, jedoch kurz im Vergleich zu dem Mittelfinger. Die Qualität der Länge des Ringfingers setzt die Abhängigkeit zu den anderen Fingern voraus. Der Ringfinger hat keine unabhängige Qualität von Länge.
Kontemplieren wir in dieser Art, erkennen wir, dass Dinge in natürlicher Abhängigkeit existieren, unter der Bedingung abhängigen Erscheinens.
Wenn wir diese Analyse in Bezug auf uns selbst anwenden, werden zwei Arten von Selbstlosigkeit erklärt: Die Selbstlosigkeit der Person,

die Phänomene erfährt und wahrnimmt; und die der Phänomene, die erfahren und wahrgenommen werden. In anderen Worten, Selbstlosigkeit der Person und Selbstlosigkeit der Phänomene.

B. Das Selbst

Es gibt viele unterschiedliche Systeme, in denen wir herkömmliches Selbst voraussetzen. In einigen nichtbuddhistischen Schriften wird das Selbst als ein Phänomen erklärt, das dauernd, durchdringend, niemals Gegenstand der Veränderung oder Zerstörung, und eine Entität getrennt von den Aggregaten ist. Vom buddhistischen Standpunkt aus existiert ein solches Selbst nicht.

Gemäß buddhistischer Schriften existiert das Selbst vom Innern der Aggregate her und nicht als etwas Beziehungsloses oder etwas, das von sonst woher kommt.

Die fünf Aggregate sind in zwei Kategorien eingeteilt: Körper und Geist.

Wir haben ein innewohnendes Gefühl, dass dieser Körper unser Eigentum sei. Wir setzen voraus, dass dieser Körper zu unserem Selbst gehört. Ebenso haben wir ein innewohnendes Gefühl von Geist, sodass auch der Geist, als zum Selbst gehörend angesehen wir. Daher betrachten wir das Selbst so, als sei es verschieden von Körper und Geist. Obgleich wir das tun, kann das Selbst, wenn wir analytisch danach suchen, nicht gesondert von Körper und Geist gefunden werden.

Andererseits, wenn dieses Selbst überhaupt nicht existieren würde, gäbe es keine Menschen.

Folglich, da das Selbst existiert, wir es aber dennoch nicht finden können, wenn wir analytisch danach suchen, beweist das, dass es nicht unabhängig existiert.

In den Schriften der *Madhyamaka* wird es als bloßes Etikett bezeichnet, oder als Bezeichnung, die nicht wirklich vorhanden ist.

Wir müssen erkennen, dass obgleich uns Dinge als unabhängig existent erscheinen, dieses Erscheinen der Schlussfolgerung widerspricht, die wir durch Nachforschungen erzielen.

Warum ist die untersuchende Schlussfolgerung stichhaltiger in unserem Leben? Glaube an Erscheinung, gibt Anlass, nach seiner mutmaßlichen unabhängigen Existenz zu Greifen, was im Gegenzug Anlass zu Emotionen gibt wie Begierde und Anhaftung. Widerlegt man Erscheinung als wirkliche Existenz, indem man seine Widersprüchlichkeit versteht, kann man verhindern, dass solch negative Emotionen erscheinen.

Alle negativen Geisteszustände haben ihre Wurzel in der Haltung, nach einem Selbst zu greifen, ein irregeführtes Bewusstsein, das sich als verdreht erweist. Widerlegt man, dass man nach wahrer Existenz greift, kann man die Wurzel aller Täuschungen durchschneiden. Man kann davon ausgehen, dass die Verhütung von Täuschungen sich in drei Stufen ereignet:

I. Man muss von ihren Manifestationen Abstand nehmen, die Missbrauch von Körper und Sprache sind.
II. Man muss darauf hinarbeiten, die Täuschungen selbst im Geist aufzugeben.
III. Man arbeitet an der Beseitigung der Eindrücke, die von den Täuschungen hinterlassen wurden.

Mit Hilfe dieser drei Stufen erlangen wir die folgenden Ergebnisse:

1. Indem man Abstand nimmt von schlechtem Benehmen mit Körper und Sprache, nehmen wir Wiedergeburt auf einer höheren Stufe als Mensch an.
2. Indem man alle Täuschungen aufgibt, erlangen wir Nirvana oder Befreiung.
3. Indem wir selbst die von Täuschungen hinter lassenen Eindrücke aufgeben, erlangen wir den allwissenden Zustand. So folgen wir dem Pfad.

Der Pfad wird kurz in den drei höheren Übungen erklärt:

a) Zuerst kommt die Übung in Selbstdisziplin, die Übung Körper und Rede von negativen Wegen abzuhalten. Durch diese Einschränkung, hält man grobe Ablenkungen fern.
b) Die zweite Übung, einspitzige Konzentration oder die Meditation des ruhigen Verweilens, durch sie erlangt man einen Geisteszustand, frei von subtilsten Ablenkungen.

c) Wenn solch einspitzige Konzentration in der dritten Übung angewandt wird, in der Meditation über die Natur der Leerheit, wird daraus besondere Einsicht, oder transzendente Weisheit.

Diese drei höheren Übungen befreien uns von den drei Arten des Leidens.

a.1 Nachdem man über den Zustand des Begierdebereichs hinausgegangen ist und den Formbereich mit Hilfe der Übung der Selbstdisziplin erlangt hat, wird man frei von dem Leiden des Leidens.
b.2 Mit Hilfe der Praxis der Meditation des ruhigen Verweilens, transzendiert man den Formbereich und erlangt Befreiung von dem Leiden der Veränderung, welche die Erfahrung der Freude ist, die zu Leid wird. Dafür verweilt man für immer im transzendenten Zustand.
c.3 Indem man die wirkliche Natur aller Existenzbereiche versteht, erlangt man Befreiung von dem Leiden sich bedingender Existenz.

C. Fragen und Antworten

Frage: Die *Madhyamaka-Prasangika*-Schule legt dar, dass die Phänomene nur durch Verflechtung existieren. Wenn das stimmt, widerlegt es nicht die äußere Existenz des Objektes?

Der Dalai Lama: Wenn die *Madhyamaka-Prasangika*-Schule sagt, die Phänomene seien als bloße Bezeichnungen existent, widerlegt das nicht die Existenz äußerer Objekte oder Phänomene, die keine Benennungen sind. Vielmehr legt sie nahe, dass Phänomene gewöhnlich nicht durch gültiges Erkenntnisvermögen wahrgenommen werden.
Wenn die *Madhyamaka-Prasangika*-Schule zu dem Schluss kommt, dass die Essenz eines Phänomens durch analytische Suche nicht gefunden werden kann, ist das kein Hinweis auf seine Nichtexistenz, sondern eher auf seine nichtinhärente Existenz.
Wie es in dem Eröffnungsvers von *Die Fundamentale Abhandlung über*

Weisheit von Nagarjuna erklärt wird, widerlegt die Untersuchung eines Phänomens – dass auf der herkömmlichen Stufe solche Qualitäten wie gehen und kommen, oder Hervorbringung und Beendigung hat – inhärente Existenz.

Man kann sagen, dass dieser Tisch nicht-inhärent existent ist, weil er von anderen Faktoren abhängig existiert. Gerade die Tatsache seiner Existenz beweist seine nicht-inhärente Existenz.

Andererseits, wenn Yogacarins der *Madhyamaka*-Schule analytisch nach der Existenz äußerer Objekte suchen, indem sie die Teile eines Objektes zergliedern oder analysieren, und das Ganze nicht finden, sagen sie, äußere Objekte würden nicht als getrennte Entitäten vom Bewusstsein existieren. Ihre Antwort ist, dass ein Objekt von derselben Substanz ist wie das Bewusstsein. Deswegen sagen sie, es gäbe keine äußeren Objekte. Dann behaupten sie, dass inneres Bewusstsein wirklich unabhängig existiert.

Frage: Können Sie uns eine kurze Erklärung über die Debatte zwischen dem indischen Pandit Kamalashila und dem chinesischen Meister Hashang geben?

Der Dalai Lama: In der Zeit von Pandit Shantarakshita gab es chinesische Meister, die Hashangs, in Tibet. In Samye gab es unterschiedliche Gebäude für Übersetzer, Tantriker und Meditierende. Die Hashangs wohnten in dem Gebäude, das *„Aufenthalt der Unbeweglichen Konzentration"* hieß, ein besonderer Ort für Meditierende. Zu dieser Zeit bestand die Hauptpraxis der Hashangs aus Meditation. Es gab nichts Fehlerhaftes am Pfad der Hashangs; sie waren einfach Fachleute in puncto Meditation. Aber es gibt eine Aussage in einem Sutra mit dem Inhalt, dass man durch begriffliches Denken oder vorgefasste Meinungen keine Erlösung oder Befreiung erlangen kann; in der Zeit von Kamalashila missinterpretierten einige Hashangs diese Passage, und dachten, jegliche Form begrifflichen Denkens sei ein Fehler des Geistes.

Es stimmt, dass wenn sich jemand im höchsten Yogatantra auf die Praxis oder die Erfahrung des subjektiven klaren Lichtes einlässt, er oder sie das Erscheinen begrifflichen Denkens vermeiden sollten, da es dem Praktizierenden schaden oder ihn in seinem Bemühen beeinflus-

sen könnte, all die subtilen Energien in den Hauptkanal zu bringen.
Doch der Grund, weshalb auf dieser Stufe alles begriffliche Denken vermieden werden soll, ist nicht der, dass alle begrifflichen Gedanken irregeführt sind oder dass es ein verdrehtes Bewusstsein gibt, das nach der wahren Existenz greift.

Vielmehr ist es so: In diesem Stadium, in dem man seine ganze Anstrengung daran setzt, die gesamte Energie in den Hauptkanal zu bringen, würden selbst positive Gedanken diesem aufnahmefähigen Stadium schaden, solange sie begrifflich und analytisch sind.

Einige Hashang-Schüler, die das nicht verstanden hatten, rückten den Aspekt, dass alle begrifflichen Gedanken verdreht seien und die Natur des Greifens nach wahrer Existenz hätten, in den Mittelpunkt. So entsprang die Verwirrung.

Wir mögen besondere Gründe dafür haben, begriffliches Denken zu vermeiden, doch wenn wir alle Arten begrifflichen Denkens vermeiden würden, abgesehen von verdrehtem Missverständnis, gäbe es keinen Weg, Weisheit zu kultivieren.

So interpretiere ich diese Debatte. Wenn wir sagten, die Hashangs hätten sich völlig geirrt, weshalb hätte dann Shantirakshita seine Erlaubnis zu der Debatte gegeben? Und wenn wir sagten, alle Sichtweisen der Hashangs seinen korrekt, weshalb hätte dann Kamalashila sie widerlegt?

Frage: Ich habe eine Frage bezüglich der Beziehung zwischen *vipashyana* und tantrischer Meditation.

Ich sehe, dass *vipashyana*, welches ein Verständnis für Unbeständigkeit in unserem Geist bildet, eine Stufe auf dem Weg zur Selbstlosigkeit ist. Aber tantrische Meditation über äußere Formen halte ich für ablenkend. Wie passt das zu der Einfachheit, Selbstlosigkeit zu erlangen?

Der Dalai Lama: Ich werde das später erklären. Doch lassen Sie mich nun sagen, dass tantrische Praxis schwer ist, ganz und gar nicht einfach.

Es hat eine besondere Bedeutung, besondere Zielsetzung, da im Tantrayana der Geist zwei Tugenden gleichzeitig praktiziert.

Wenn sich unser Geist im Sutrayana auf die Leerheit konzentriert, sammeln wir in diesem Augenblick eine Art von Tugend an. In diesem

Zustand sammeln wir Weisheitsvorräte an; wir können jedoch im gleichen Zustand keine Verdienste ansammeln. Zu anderen Zeiten, wenn wir die Entwicklung des Erleuchtungsgeistes, oder Mitgefühl, praktizieren, sammeln wir Verdienst an; doch während dieses Augenblicks, kann sich Weisheit nicht entwickeln.

In der tantrischen Praxis transformiert sich die Weisheit, welche die Leerheit versteht, selbst in die Gottheiten. Die Mandalas, Erscheinungen wie eine Gottheit, dringen in die letztendliche Natur des Seins, in die Leerheit ein. Diese Weisheit kreiert beide Tugenden gleichzeitig.

Darin liegt die besondere Bedeutung der tantrischen Praxis. Es ist recht leicht zu erklären, aber sehr schwer zu vollbringen.

Diese tantrische Praxis kann auch als *vipashyana*-Praxis kategorisiert werden. Es gibt viele Ebenen der *vipashyana*-Praxis.

Fragen: Bitte teilen Sie uns Ihre Ansicht über das Verständnis von Unbeständigkeit und Dauerhaftigkeit mit. Viele unserer gesellschaftlichen Institutionen, wie Ehe, Regierung und so weiter, gründen auf der Annahme einer gewissen Regelmäßigkeit in der Struktur der Beziehungen. Wenn man die rechte Sicht gemäß der Philosophie des Mittleren Weges hat, scheinen diese Institutionen überflüssig zu werden, unnötig, ja man scheint sogar in Konflikt mit der Praxis zu kommen.

Der Dalai Lama: Zum Thema Unbeständigkeit: Solange es ein Phänomen gibt, das von einer Ursache hervorgerufen wird, ist es empfänglich für Veränderungen, die von der Ursache selbst hervorgerufen werden.

Schauen Sie auf diesen Tisch! Gestern sahen wir ihn, doch im Wesentlichen ist er heute nicht mehr derselbe. Und dieses Buch; es ist jetzt hier, aber das Buch von gestern ist schon verschwunden.

Alle Phänomene erfahren einen ständigen Wechsel: Tag für Tag, Augenblick für Augenblick, Sekunde für Sekunde. Das wird auch durch die Analyse subatomarer Teilchen bestätigt; es gibt hier einen ständigen Wechsel.

Diese Art wechselnder Natur ist immer gegenwärtig, ohne jede besondere Ordnung oder jeden Grund, die frühere Natur zu stoppen. Der genaue Grund, der dieses Buch hervorgerufen hat, hat auch seine ver-

änderte Natur hervorgerufen. Zum Beispiel ist Augen-Bewusstsein aktiv, solange das Auge vorhanden ist, doch sobald das Auge zerstört ist oder stirbt, gibt es dieses Bewusstsein nicht mehr.
Dasselbe gilt für ein Menschheits-Bewusstsein oder ein tibetisches Bewusstsein.
Diese Bewusstseinszustände existieren lediglich momentan. Aber mein Haupt-Bewusstsein – das sechste geistige Bewusstsein, die tiefere Ebene des Bewusstseins – ist immer gegenwärtig. Es ist anfangs- und endlos, und obgleich es jeden Moment wechselt, ist es vom Gesichtspunkt der Beständigkeit her, eine dauernde Entität.
In der menschlichen Gesellschaft, ist der flüchtige Wechsel offensichtlich. Nahrungsmittel ändern sich, Verhalten ändert sich, Mode ändert sich, Erziehung ändert sich. Doch als Gesamtheit, ist die menschliche Gesellschaft immer da.
All diese Phänomene – Produkte von Ursachen – sind unbeständig aus dem Blickwinkel des flüchtigen Wechsels, sind jedoch immer während, aus dem Blickwinkel ihrer Kontinuität.
Zu Ihrer Frage, Dingen gegenüber distanziert zu verbleiben, weil sie unbeständig sind: Wenn wir uns selbst von Dingen distanzieren müssten, nur weil sie unbeständig sind, dann müssten wir den spirituellen Pfad, den wir suchen, aufgeben, da er ebenfalls unbeständig ist.
Der Punkt ist nicht, ob ein Phänomen unbeständig oder beständig ist; sondern, ob es sich lohnt Begierde nach etwas zu fühlen, oder etwas zu erlangen, oder ob es sich nicht lohnt; und wenn ja, wie kann man dem Verlangen nachkommen.
Wir müssen eine Entscheidung treffen zwischen reinem und unreinem Verlangen. Wenn wir mit Hilfe enthüllender Beweisführung herausfinden, das ein Verlangen wert zu erfüllen ist, dann kann es nützlich sein, eine solche Art von Verlangen zu haben. Zum Beispiel das Verlangen Buddhaschaft zu erlangen, und das Verlangen zum Wohle aller fühlenden Wesen zu arbeiten, sind beides nutzbringende Begierden.
Diese Begierden sollten wir versuchen mit Bedacht in unserem Geist zu entwickeln. Wir sollten uns besonders anstrengen, das Gefühl zu entwickeln, dass alle fühlenden Wesen „mein" sind.
Andererseits begehrt man oft etwas, doch wenn man tiefer darüber nachdenkt, erkennt man, dass man es nicht wirklich benötigt. Wenn

man beispielsweise in den Supermarkt geht, sieht man viele gute Dinge; und man möchte sie alle haben. Dann zählt man sein Geld, und der zweite Gedanke kommt einem in den Sinn: Brauchst du das wirklich alles? Die Antwort? Nicht nötig.

Das ist meine eigene Erfahrung. Solch unreine Begierde ist tatsächlich Anhaftung, Gier nach Dingen, die nicht wirklich nötig sind um bequem zu leben, zu überleben.

Mit hinreichendem Grund etwas zu wünschen, und ein oder zwei Dinge zu erwerben, das ist geeignetes Verlangen.

Für einen Laien ist Familie üblich. Aber im Hinblick auf die Kultivierung eines Pfades, um Befreiung zu erlangen, muss man sich vorsehen, damit man nicht den Wogen der Täuschung anheim fällt.

Umsicht ist ebenfalls geboten, wenn ein guter Praktizierender Mönch oder Nonne bleibt.

Unter bestimmten Umständen mögen Menschen urteilen, dass diese außergewöhnliche Person weniger Einfluss hat und weniger nützlich für die Gemeinschaft ist, als wenn sie Laie wäre. In dieser Rolle könnte sie ein guter Praktizierender sein, aber auch ein gutes Mitglied der Gesellschaft, eine produktive Person, die ihren Lebensunterhalt verdient, eine gute, ehrenhafte Person, voll inneren Friedens, die in ihrer eigenen Familie oder Gemeinschaft eine friedvolle Atmosphäre schafft.

Eine solche Person, mit Erleuchtungsgeist, altruistischer Haltung, kann eigentlich als ein Laie im Familienleben nutzvoller sein für die Gesellschaft.

Wie auch immer, wenn jemand den Pfad hauptsächlich für sein eigenes Interesse oder seinen eigenen Nutzen erlangen möchte, ist der Pfad des Mönches oder der Nonne empfehlenswert auf Grund seiner Einfachheit des Lebensstils. Und für die Praxis des Erleuchtungsgeistes, die das Wohl aller anderen fühlenden Wesen in Betracht zieht, kann sowohl das Führen eines Familienlebens oder das Leben als Mönch oder Nonne empfehlenswert sein.

Fragen: Worin besteht der Unterschied zwischen Entsagung und Flucht vor dem Leben?

Der Dalai Lama: Da gibt es große Unterschiede. Aber für einen

Praktizierenden, der auf das Erlangen der Befreiung hin arbeitet, und dabei hauptsächlich für seine eigene, können diese Beiden manchmal mehr oder weniger gleich sein.

Vor dem Leben davonlaufen, weil man sich gestört fühlt, ist nicht gut. Da gibt es zum Beispiel einige Leute, die, beruhend auf Depression oder einigen Unstimmigkeiten, Selbstmord begehen; das ist wirklich tragisch.

Die dritte Kategorie von Leiden, sein letztendlicher Ursprung, ist unser Körper.

Der tatsächliche Weg Leiden zu entkommen, ist die Beendigung von samsarischer Wiedergeburt. Wiedergeburt geschieht nicht auf Veranlassung Gottes oder einer anderen Kraft, sondern durch die eigene Unwissenheit, einem Geisteszustand, der in einer verdrehten Weise nach Dingen greift.

Boddhisattva-Praktizierende sollten überlegt und aktiv in Situationen leben, in denen es Schwierigkeiten gibt, da sie hauptsächlich zum Wohle anderer fühlender Wesen arbeiten.

Dennoch, es gibt das Element des richtigen Zeitpunktes. Im Anfangsstadium mag ein Praktizierender starke Selbstlosigkeit entwickeln, doch er könnte noch sehr jung sein für eine solche Entscheidung. Im zarten Alter lauert die Gefahr der Beeinflussung durch unvorteilhafte äußere Bedingungen, die den eigenen Entschluss untergraben können. Zu dieser Zeit kann eine vollständige Isolation für eine bestimmte Zeitspanne notwendig sein, um innere Stärke zu entwickeln.

Wenn man dann die innere Stärke entwickelt hat, sollte man bewusst in die Gesellschaft gehen, um an gequälten Orten zu verbleiben und zu helfen.

Frage: Ist es gesellschaftlich gefährlich, Leute zu lehren, die Welt aufzugeben, sich aus ihr zu entfernen?

Der Dalai Lama: Einfach davonzurennen ist gefährlich. Andererseits, wenn einige wenige Menschen das Gesellschaftsleben aufgeben, aus ernsthafter Motivation heraus, um nach der Wahrheit oder dem Pfad zu suchen, macht das nichts aus. Doch wenn eine große Anzahl von Menschen die Gesellschaft verließen, könnte dies negative Auswirkungen auf die Gemeinschaft haben.

Frage: Ich denke es könnte gefährlich sein, jemanden jungen zu unterrichten, da er vielleicht den Kontext von dem was man sagt, nicht versteht. Für ihn könnte Entsagung vielleicht nur bedeuten, nicht bei seiner Frau zu bleiben, kein Bier zu trinken. Es wäre für ihn vielleicht besser, in der Stadt zu bleiben, anstatt in die Berge zu gehen, wo er dann denkt, er sei tugendhaft und sein Ego gefährlich wächst und wächst.

Der Dalai Lama: Es ist ganz und gar falsch, hastig zu handeln. Zuerst müssen wir sorgfältig nachforschen. Nicht wie der Praktizierende, der plötzlich auf Grund der Kraft seiner Mühe sogar auf Nahrung verzichtet hatte, doch nach drei Tagen plötzlich all seine spirituelle Praxis aufgab.

Doch die Gesellschaft aufzugeben, und mit ernsthafter Motivation und in rechter Weise an einem einsamen Meditatinosplatz zu verbleiben, kann von großem Nutzen sein. Ohne die Praxis meditativen Versunkenseins und Einspitzigkeit des Geistes, kann unser gewöhnliches sechstes geistiges Bewusstsein keine durchdringende Weisheit entwickeln.

Daher müssen wir diese Art Meditation kennen lernen, für deren Ausübung Einsamkeit nötig ist. Man muss sich an einen abgelegenen Ort begeben und über lange Zeit praktizieren, über ein paar Jahre. Wenn man dann Einspitzigkeit des Geistes entwickelt hat, kommt man zurück.

Gegenwärtig verbleiben einige Tibeter in den Bergen und praktizieren unter großer Mühe. Doch ohne das Selbst zu verstehen, täuschen einige Menschen nur vor, eine religiöse Praxis auszuführen, dabei sind sie tatsächlich werder Mönch noch eine Familienperson.

Es gibt ein tibetisches Sprichwort das besagt: Befindet sich eine Fledermaus unter Vögeln, gibt sie vor eine Maus zu sein, befindet sie sich unter Mäusen, gibt sie vor ein Vogel zu sein.

Frage: Welche Art mittleren Pfades würde Seine Heiligkeit empfehlen, so dass gewöhnliche Kandidaten den Weg sehen können, ohne die Vielschichtigkeit höherer Bestrebungen?

Der Dalai Lama: Um Befreiung zu erlangen, muss man zu aller erst den starken Wunsch danach entwickeln. Es ist notwendig die Art des Leidens festzustellen und darüber nachzudenken.

Das Hauptleiden, auf das wir hinweisen, ist das Leiden von sich bedingender Existenz.

Nicht alles was unbeständig ist, ist von der Natur des Leidens.

Zum Beispiel ist der allwissende Geist des Buddha, obgleich unbeständig, nicht von der Natur des Leidens.

Aber unsere mentalen und physikalischen Aggregate sind unbeständig. Das bedeutet, sie sind Gegenstände des Wandels und sind Produkte, entstanden aus Ursachen. In diesem Fall verweisen die Ursachen auf verunreinigte Handlungen, die wir verübt haben, unser Karma, und auf die Täuschungen, die sie herbeigeführt haben. Weil Form ein Produkt dieser Unbeständigkeit ist, ist es von der Natur des Leidens.

Unsere Leben beginnen mit dem Leiden der Geburt. Während der Empfängnis und nach dem Eintreten in den Bauch, beginnt der Prozess physischer Entwicklung. Die Form wird immer dicker. Ab einem bestimmten Stadium beginnt man Freude und Schmerz zu erfahren, und im Stadium der eigentlichen Geburt beginnt das wirkliche Leiden. Von diesem Zeitpunkt ab verbleiben wir eine beachtliche Zeit lang so hilflos wie ein Insekt. Genau so beginnt unser Leben.

Obgleich die Geburt eines Kindes gefeiert wird, ist das der Beginn seines wirklichen Leidens. Diese Lebenszeit endet mit dem Tod, ein ebenfalls unerwünschtes Leiden. Zwischen diesen beiden Ereignissen, erfahren wir das Leiden von Krankheit und Altern.

Wir benötigen eine Zielsetzung in diesem Leben, um ihm eine Bedeutung zu geben, jenseits davon, diesen leidenden Körper zu füttern. Wir sollten uns fragen, ob die Erhaltung unseres Körpers die ganze Zielsetzung oder Essenz dieses Lebens ausmacht. Wenn wir eine Transformation des Geistes, der diesen Körper bewohnt, zu Stande bringen können, dann liegt darin eine Art Zielsetzung.

Vernünftig gesprochen, unser Körper ist keinesfalls ein Objekt, das wert ist gehegt zu werden, oder daran anzuhaften. Egal wie schön oder stark die wirklichen Substanzen des Körpers wie Haut, Knochen und Fleisch sind, wenn man sie analysiert, sind sie nicht schön. Sie sind unrein. Die Substanzen sind unsauber. Der Körper selbst ist unsauber und das Produkt unreiner Substanzen. Die Ursache für diesen Körpers sind die zwei neuschaffenden Flüssigkeiten der Eltern, die ebenfalls unrein sind. Der Körper produziert Kot und Urin. Irgendwie ist er eine Maschine, die Kot und Urin produziert. Das ist seine Hauptzielsetzung, Essen und Trinken zu konsumieren, um dann Abfall zu produzieren. Wenn ich über die Summe an Essen und Trinken nachdenke, wie tibetischen Tee und *tsampa*, die ich in meinem Leben konsumiert habe, scheint es, dass die Hauptzielsetzung meines Körpers die war, menschlichen Abfall zu produzieren. Zugleich, wenn wir all die Absonderungen wie Schleim zusammenschütten würden, käme eine ganze Menge zusammen. Niemand betrachtet eine Toilette als etwas sauberes, oder? Eigentlich ist ein Individuum eine Toilette. Die Dinge in der Toilette kommen nicht vom Himmel. Sie kommen vom Körper.

Glücklicherweise besitzen wir mit diesem Körper aber den menschlichen Geist. Wenn wir die Kraft der Intelligenz nutzen können, mit der Menschen ausgestattet sind, so können wir unser Leben zielvoll gestalten. Dass wir in der Lage sind zu denken, zu analysieren, gibt uns eine große Chance.

Wir können feststellen, dass eine beschränkte Art von Selbstlosigkeit auch von Tieren, sogar Insekten entwickelt werden kann. Bienen und Ameisen sind beispielsweise von Natur aus soziale Insekten. In guten oder schlechten Zeiten arbeitet ihre innere soziale Struktur für ein Überleben. Sie müssen sich aufeinander verlassen und führen das vor, was wir Verantwortung und echte Zusammenarbeit nennen würden. Menschliche Natur ist genauso. Um zu überleben, müssen wir uns auf andere verlassen, ob wir wollen oder nicht.

Wenn wir darüber nachdenken, werden wir herausfinden, dass wir natürlicherweise Liebe benötigen. Wir sind geboren und aufgewachsen aufgrund der Freundlichkeit unserer Eltern. Wir sind immer noch am Leben wegen der Freundlichkeit und Wärme unserer Eltern. Wenn wir älter werden, und geistig und physisch schwächer, müssen wir uns erneut auf andere verlassen. Zwischen diesen beiden Stadien neigen wir dazu, diese Tatsachen zu vergessen, solange wir stark und gesund sind.

Das ist eine Art von Unwissenheit.

Das grundlegendste menschliche Bedürfnis ist menschliche Wärme, ein warmes Herz.

Es ist ganz klar, dass wir Freunde benötigen. Durch Freunde bekommen wir geistige Freude und geistigen Frieden. Um echte Freundschaft zu gestalten, müssen wir positive menschliche Gedanken formen wie Liebe, Mitgefühl und ein warmes Herz. Damit können wir echte Freundschaft kreieren. Viele unserer gewöhnlichen Freunde sind nicht immer aufrichtig. Wenn wir Kraft und Geld haben, haben wir viele Freunde; wenn aber diese Kraft und das Geld verschwinden, verschwinden diese Freunde auch.

Die echten Freunde, die wir mit Hilfe eines guten Herzens finden, werden Freunde bleiben, ob wir Erfolg haben oder Misserfolg und Problemen gegenüberstehen. Diese Art Freundschaft kann sich nur mit Hilfe eines echten guten Herzens entwickeln.

Die wichtigste Tatsache ist, dass die Menschheit einzig durch Freundlichkeit , Liebe und Mitgefühl überlebt. Dass Menschen diese Qualitäten entwickeln können, ist ein wahrer Segen.

Wir haben diese menschliche Form gewonnen. Gelänge es uns, die Intelligenz zu gebrauchen, mit der wir Menschen bestückt sind, indem wir das Potential dieses warmen Herzens, das wir haben, gebrauchen, dann würden wir die echte Erfüllung finden, die Zielsetzung menschlichen Lebens.

Wenn wir von unserem Standpunkt aus darüber nachdenken, werden wir erkennen, dass solange wir diese geistigen und physischen Aggregate besitzen, das Produkt unserer eigenen verunreinigten Handlungen und Täuschungen, es keine Möglichkeit gibt, immerwährenden Frieden und immerwährende Freude zu erleben. Und wir werden entdecken, dass all die anderen fühlenden Wesen in derselben Situation sind.

Daher müssen wir ein echtes Streben erzeugen, Erleuchtung zu erlangen, ein Zustand, frei von den Fesseln der Täuschung und von Karma. Das kann Verzicht genannt werden, obgleich man nicht auf Gesellschaft oder Familie verzichtet. Während wir zum Wohle anderer fühlender Wesen arbeiten, kommt die Erfüllung unseres eigenen Wohlergehens als Beigabe.

Um sich in der Entwicklung von selbstlosem Geist zu schulen, entwickelten indische Meister zwei Hauptsysteme. Eines ist die Methode der *„siebenfachen Ursache und Wirkung"*, und die andere wird *„Austausch und Ausgleich von sich mit anderen"* genannt.

Eine Vorbereitung für den ersten der sieben Punkte ist das Kultivieren von Gleichmut, das heißt, einem Geisteszustand, der versucht starke Anhaftung an Freunde, starken Hass gegenüber Feinden und Interesselosigkeit gegenüber neutralen Menschen auszugleichen.

Der eigentlich erste Schritt ist: Uns an unsere eigene anfangslose Wiedergeburt zu erinnern, und zu erkennen, dass alle fühlenden Wesen zu irgendeiner Zeit unsere Mütter, Freunde oder Verwandten gewesen sind.

Wenn wir sie **im zweiten Schritt** als solche erkannt haben, erinnern wir uns an die Freundlichkeit, die sie über uns ausgebreitet haben und denken darüber nach.

Der dritte Schritt ist, ihnen die Freundlichkeit zurückgeben.

Wir entwickeln die Entschlossenheit, ihnen die Freundlichkeit zurückzugeben, indem wir darüber nachdenken wie unsere Mutter in diesem Leben ihre Freundlichkeit über uns gebreitet hat, und wie andere Eltern das Gleiche bei ihren Kindern tun.

Liebevolle Güte ist **der vierte Punkt**. Dieser Geisteszustand nutzt allen fühlenden Wesen.

Nachdem wir liebevolle Güte für alle fühlenden Wesen entwickelt haben, wünschen wir **im fünften Schritt**, dass alle fühlenden Wesen frei sein mögen von Leid. Das ist Mitgefühl.

Und sechstens kommt das unübliche Verhalten universaler Verantwortung, ein Verhalten, mit dem wir selbst die Verantwortung übernehmen, alle fühlenden Wesen von ihrem Leiden zu befreien.

Der siebente Schritt dieser Methode, selbstloses Verhalten zu kultivieren, um Buddhaschaft zu erlangen, ist, den Erleuchtungsgedanken hervorzubringen.

Dieser Erleuchtungsgedanke wird teilweise durch die Kraft unseres starken Mitgefühls für alle fühlenden Wesen erfahren, teilweise durch die Einsicht, dass es für den Geist fühlender Wesen möglich ist, von seinen Täuschungen befreit zu werden. Alle fühlenden Wesen haben das Potential, den Zustand der Allwissenheit zu erlangen. Hat man das erkannt, bringt eine starke Kraft des Mitgefühls die Erfahrung des Erleuchtungsgedankens zu Stande.

Das zweite System, *„Austausch und Ausgleich von sich mit anderen"*, beginnt erneut mit der Kultivierung von Gleichmut, aber auf eine andere Art.

Gemäß dieser Methode nimmt man den Standpunkt der fühlenden Wesen ein. Man bedenkt, dass alle fühlenden Wesen in dem Sinne gleich sind, dass sie alle Freude zu erlangen und Leid zu vermeiden wünschen. Wir haben alle diesen selben Wunsch. So gleicht man sich mit anderen aus.

Als Nächstes bedenkt man den Nachteil, der im Hegen von sich selbst besteht.

Wenn eine Person egoistisch ist, und alle Freude für sich selbst haben möchte, wird sie am Ende viele Feinde erwerben und wenig Freunde. Andererseits, wenn wir uns mit anderen austauschen, wenn wir andere hegen und höher schätzen als uns selbst, werden wir die entgegengesetzten Ergebnisse erfahren. Wir werden mehr Freunde und weniger Feinde haben.

Kurz, wie schon Shantideva in seinem *Eintritt in den Boddhisattva-Weg* sagte: „Alle Enttäuschungen, die wir in dieser Welt finden, sind das Produkt des Hegens von uns selbst, und alle Freude, das Produkt des Hegens von anderen." Auf diese Weise bedenkt man den Nachteil, der sich ergibt, wenn man sich selbst hegt und den Vorteil, wenn man andere hegt.

Als Nächstes folgt man der Praxis von Geben und Nehmen, bei der wir erneut den Erleuchtungsgeist kultivieren. Wir meditieren darüber, wie wir Gutes und Freude weggeben und Mühsal der anderen annehmen.

Wenn wir (Tibeter) dieser Tage die Praxis der Kultivierung des Erleuchtungsgeistes auf uns nehmen, kombinieren wir die beiden oberen Systeme miteinander.

Eine Gesamtwirkung dieser Methoden ist, dass selbst Feinde als sehr freundlich betrachtet werden.

Ganz einfach, um echte Selbstlosigkeit zu entwickeln, muss man Ärger und Hass kontrollieren. Diese Kontrolle benötigt die Praxis von Geduld und Toleranz. Um Geduld und Toleranz entwickeln zu können, benötigt man einen Feind. So zu denken bedeutet, sich den Feind zu Nutze zu machen, ungeachtet seiner oder ihrer Motivation. Wenn man in der Lage ist, den Feind als hilfreich und freundlich zu sehen, dann bedeutet das noch nicht, dass man andere im selben Licht sehen kann oder nicht.

Alle Objekte weltlichen Begehrens wie Berühmtheit, Wohlstand und Gesundheit hängen von der Freundlichkeit anderer ab und werden durch sie erfüllt. Selbst die Möglichkeit unseres Zusammentreffens und der Diskussion hier, kamen durch die Mitwirkung vieler anderer zu Stande: diejenigen, welche dieses Haus gebaut haben, diese Teppiche gewebt haben u.s.w.. Der Bus mit dem sie gekommen sind, ist ein weiterer Faktor, der uns hier zusammengebracht hat.

Ohne diese Faktoren, hätten wir nicht die Möglichkeit gehabt uns zu treffen. Ohne Menschen, die wir kennen und solchen, die uns unbekannt sind, hätten wir uns nicht treffen können.

Denken sie über diese Zeilen nach und sie werden zu der Überzeugung kommen, dass sie ohne die Hilfe anderer nicht überleben können.

Denken sie auch an Karma. Unsere gegenwärtige Möglichkeit ist das Produkt unseres eigenen vergangenen positiven Karmas. Und denken sie auch über das nach, was mit positivem Karma gemeint ist. Gewöhnlich ist es etwas, das wir, motiviert durch den Wunsch anderen zu dienen, kreieren; und selbst die Ansammlung dieses Karmas erfordert andere als Grundlage.

Von allen Buddhistischen Übungen wird die Kultivierung des Erleuchtungsgeistes als die kostbarste angesehen.

Die Meditation über den Erleuchtungsgeist hat seine Wurzeln in Mitgefühl, und ohne fühlende Wesen können wir Mitgefühl nicht entwickeln. Wir mögen den Segen der Buddhas für die Entwicklung des Erleuchtungsgeistes erhalten, aber wir können Mitgefühl nicht entwickeln, indem wir uns auf sie konzentrieren. Mitgefühl zu entwickeln ist nur möglich, indem wir uns auf die fühlenden Wesen konzentrieren.

Von diesem Standpunkt aus gesehen, sind die fühlenden Wesen freundlicher als die Buddhas.

Es ist für die anderen fühlenden Wesen nicht notwendig, eine gute Motivation zu haben. Zum Beispiel haben viele Objekte, die wir für wertvoll erachten, wie Beendigung und Pfad, keine gute Motivation, dennoch hegen und wertschätzen wir sie.

Für den Praktizierenden des Boddhisattva-Pfades, sind alle fühlenden Wesen seine Freunde, und alle Umgebungen sind der Praxis dienlich. Der einzige tatsächliche Feind ist das nach einem Selbst greifende Ver-

halten, und der konsequent verdrehte Geist.
Wenn man auf diese Weise praktiziert, gewinnt man Freiheit von Angst.

3

ZWEI ESSENTIELLE TEXTE

An dieser Stelle würde ich gerne zwei Texte als Grundlage unserer Erörterung nutzen.
Der erste der beiden ist bekannt unter *Die Acht Verse, den Geist zu schulen*, und handelt von den Grundsätzen der Entwicklung des Boddhisattva-Geistes. Er wurde vor vielen Jahrhunderten geschrieben.
Der zweite Text ist *Eine Tantrische Meditation, für Anfänger vereinfacht*, ein kurzer meditativer Text, den ich selbst vor einigen Jahren geschrieben habe. (Er ist im Anhang vollständig enthalten.)

A. Acht Verse, den Geist zu schulen

Ich erhielt mündliche Überlieferung und Belehrungen über *Die Acht Verse, den Geist zu schulen*, von Kyabje Trijang Rinpoche, meinem jüngsten Tutor. Ich habe diese Verse mehr als fünfunddreißig Jahre lang jeden Tag rezitiert, und über ihre Bedeutung nachgedacht.
Der Verfasser dieses Textes, der Kadampa Meister Geshe Langri Thangpa, betrachtete die Praxis des Erleuchtungsgeistes, und im Besonderen die Meditation des Austausches von sich mit anderen, während seines ganzen Lebens als die Wichtigste.
Ich werde die acht Verse kurz erklären.

Mit der Entscheidung
Das höchste Wohlergehen für alle fühlenden Wesen anzusammeln,
Die selbst das wunscherfüllende Juwel übertreffen,
Möge ich sie allzeit hochhalten.

Die Freundlichkeit fühlender Wesen uns gegenüber, ist nicht gebunden an das Erlangen unseres letzten Zieles, der Erleuchtung. Die Erfüllung unserer vorübergehenden Ziele wie die Erfahrung von Freude, hängt ebenso von ihrer Freundlichkeit ab.
Daher sind fühlende Wesen hervorragender als selbst das wunscherfüllende Juwel. So beten wir „möge ich sie allzeit hochhalten". Wir

sollten sie als kostbarer ansehen, als einen wunscherfüllenden Juwel.
Wann immer ich mich zu anderen geselle,
Möge ich von mir als dem Geringsten denken,
Und aus der Tiefe meines Herzens
Möge ich die anderen für die Höchsten halten.

Wenn wir andere treffen, sollten wir nicht denken, wir seien die Höchsten, und dann auf die anderen herunterschauen oder sie bedauern, sondern uns als niedriger betrachten als sie.
Wir sollten sie hochschätzen und verehren, da sie eine Fähigkeit haben, die den Aktivitäten der Buddhas gleicht, Freude und Erleuchtung zu gewähren.

In allen Aktivitäten möge ich in meinem Geist forschen,
Und sobald Täuschungen erscheinen,
Die mich und andere gefährden,
Möge ich sie entschlossen angehen und sie verhüten.

Wenn wir uns in rituelle Praxis einlassen, begegnen wir manchmal Hindernissen. Diese Hindernisse sind nicht äußerlich sondern innerlich; es sind Täuschungen unseres eigenen Geistes. Der wahre Feind, der Zerstörer unserer Freude, ist in uns selbst.
Wenn wir durch Übung und Bemühung in der Lage sind, unseren Geist zu disziplinieren und zu kontrollieren, werden wir wirklichen Frieden und Ruhe gewinnen.
Darum sagte Buddha: „Du bist dein eigener Meister." Alles ruht auf deinen Schultern, hängt von dir ab.
Obgleich wir uns in der Praxis des Erleuchtungsgeistes von allen negativen Wegen fernhalten sollen, müssen wir vorrangig den Ärger vermeiden. Ärger kann niemals Freude hervorbringen, wohingegen Anhaftung in bestimmten Fällen die Erfahrung von Freude verursachen kann.
Wir haben ein Sprichwort in Tibet: „Wenn du deine Gemütsart verlierst und ärgerlich wirst, beiß dir in die Knöchel." Das bedeutet, wenn du deine Gemütsverfassung verlierst, zeige es anderen nicht; sage lieber zu dir selbst, „Lass es."

Wenn ich Wesen von böser Natur sehe,
Unterdrückt von heftigen Missetaten und Betrübnis,
Möge ich sie hochschätzen,
Als hätte ich einen seltenen und kostbaren Schatz gefunden.

Einige Menschen neigen dazu, sobald sie andere sehen, die durch Leid erschöpft und von Täuschungen schikaniert sind, diese Erfahrungen zu meiden, da sie fürchten, einbezogen und mitgerissen zu werden. Anstatt solche Situationen zu meiden, wenden Boddhisattvas sich ihnen mutig zu, als eine Gelegenheit, anderen fühlenden Wesen Freude zu bringen.

Wenn andere mich aus Neid schlecht behandeln,
Mit Verleumdung, Missbrauch und dergleichen,
Möge ich den Schaden erleiden und
Ihnen den Sieg darbieten.

Wenn andere Wesen, besonders diejenigen, die gegen sie einen Groll hegen, die aus Neid missbrauchen und verletzen, sollten sie diese nicht aufgeben, sondern als Objekte ihres größten Mitgefühls halten und auf sie aufzupassen.
So sollte der Praktizierende den Verlust auf sich nehmen, und den Sieg den anderen anbieten.
Praktizierende des Erleuchtungsgeistes nehmen den Verlust auf sich und bieten den Sieg anderen an, nicht mit der Motivation selbst tugendhaft zu werden, sondern mit der Motivation anderen fühlenden Wesen zu helfen.
Da es beim Aufsichnehmen von Verlust und Bieten von Sieg, manchmal möglich ist, dass die anderen auf lange Sicht Schaden nehmen, gibt es Fälle, in denen man das nicht tun sollte.
Befindet sich ein Praktizierender der Selbstlosigkeit in einer solchen Situation, sollte er aus der starken Motivation heraus anderen zu helfen, genau das Gegenteil tun.
Denken sie in diesem Sinne. Wenn etwas Unerfreuliches geschieht, sodass man irritiert ist, ist man der Verlierer, da Irritation augenblicklich den eigenen geistigen Frieden zerstört und auf lange Sicht zu ungewollten Ergebnissen führt. Verletzt einen hingegen jemand, und

man verliert seine geistige Ruhe nicht, bedeutet das den Sieg. Wird man jedoch ungeduldig und verliert seine Gemütsverfassung, dann verliert man den besten Teil des Gehirns, nämlich Beurteilung der Situation. Sobald man ärgerlich ist, fast verrückt vor Zorn, kann man keine richtigen Entscheidungen treffen.

Ist der Geist ruhig, kann man klarer analysieren. Ohne die Ruhe zu verlieren, analysiert man die Umstände, und so nötig, unternimmt man Gegenmaßnahmen. Das ist die spirituelle Bedeutung von Verlust und Sieg.

Wenn der, dem ich geholfen
Und in großer Hoffnung genutzt habe,
Mich schwer verletzt, möge ich ihn halten,
Als meinen höchsten Guru.

Wenn einer, dem man genutzt hat, diese Freundlichkeit auf falsche Weise zurückzahlt, mag man das Gefühl haben, ihm nie wieder helfen zu wollen. Aus genau dem Grund, dass es schwierig ist, ihm das nicht vorzuhalten, – und das ist ein großes Hindernis für den Praktizierenden der Selbstlosigkeit – ist besonderer Wert darauf zu legen, dass ein Praktizierender sich gerade um solche Personen kümmert.

Eine Person, die ihnen schadet, sollte nicht nur als jemand gesehen werden, der ihre besondere Hilfe braucht, sondern als ihr spiritueller Führer. Sie werden herausfinden, dass der Feind ihr höchster Lehrer ist.

In Kürze, möge ich direkt und indirekt
Nutzen und Freude für all meine Mütter darbieten.
Möge ich insgeheim die nachteiligen Handlungen
Und Leiden meiner Mütter auf mich nehmen.

Da die anderen zahllos sind, und man selbst nur einer, egal wir hochgestellt man ist, werden die anderen wertvoller. Wenn man einigermaßen Urteilskraft besitzt, wird man herausfinden, dass es wert ist, sich selbst zu opfern, um der anderen Willen, und dass eine Person um unseretwillen nicht zahllose andere opfern muss.

Besondere Visualisation ist hier von Nutzen. Man betrachtet sich selbst als eine sehr egoistische Person, und vor einem eine große Zahl fühlender Wesen, die ihr Leiden durchmachen. Man visualisiert sie lebhaft, wie sie ihre Leiden erfahren, während man neutral und unbefangen bleibt. Dann schaut man sich an, welche Seite man einnehmen will, ihre, oder seine eigene.

Wenn egoistische Politiker so gedacht hätten, hätten sie ohne zu zögern die Mehrheit gewählt.

Am Anfang ist es sehr schwer, egoistisches Verhalten zurückzunehmen und zu kontrollieren. Doch wenn man über lange Zeit nicht aufgibt, wird man erfolgreich sein.

Derjenige, der aus der Tiefe seines Herzens übt, alle Leiden und Fehler der anderen fühlenden Wesen auf sich zu nehmen, sollte sich auch darin üben, alle guten Qualitäten wie Tugenden und Freuden, die er in sich hat, mit ihnen zu teilen.

Die oberen sieben Verse befassen sich mit dem herkömmlichen Erleuchtungsgeist, der Methode. Der achte Vers handelt von der Praxis des letztendlichen Erleuchtungsgeistes, der Weisheit.

Lässt man sich auf die Praxis mit dem herkömmlichen Erleuchtungsgeist ein, sammelt man einen Vorrat an Verdienst an; lässt man sich auf die Praxis des letztendlichen Erleuchtungsgeistes ein, sammelt man einen Vorrat an Weisheit an.

In Kombination mit diesen beiden Kräften, erlangt man als Ergebnis die beiden Körper des Buddha: Den Formkörper oder *Rupakaya*; und den Wahrheitskörper oder *Dharmakaya*.

Möge all das unbefleckt verbleiben, vom Schmutz des
Im Auge behaltens der acht weltlichen Grundsätze.
Möge ich, indem ich alle Phänomene als illusorisch wahrnehme,
Unberührt, entbunden werden von den Fesseln des Samsara.

Lässt sich jemand auf solch eine Praxis ein, motiviert durch weltliche Belange wie: Ein langes und gesundes Leben zu wünschen, indem er Freude erfährt und Perfektion erlangt, ist dies grundsätzlich falsch.

Die Praxis zu unternehmen, in der Hoffnung, dass einen die Leute einen großen religiösen Praktizierenden nennen, ist auch absolut falsch. Genauso verhält es sich, wenn man die Objekte des Mitgefühls als wirklich existent betrachtet.

Man sollte diese Praxis unternehmen, mit dem Verständnis, dass alle Phänomene wie Illusionen sind.

Man versteht, dass alle Phänomene Illusionen sind, indem man ihre vermeintliche wahre Existenz verneint, und das zurücklässt, was bloße Zuschreibung ist, bloßes Etikett, bloße Bezeichnung. Das ist buddhistische Sicht.

Zuvor haben wir über Sicht und Führung im Buddhismus gesprochen. Diese Sichtweise wird abhängiges Entstehen genannt. Obgleich es viele verschiedene Bedeutungsebenen gibt in Bezug auf abhängiges Entstehen, nähert sich seine letztendliche Bedeutung dem Verständnis von Leerheit an.

Abhängiges Entstehen beweist, dass etwas nicht wahrhaft existent ist. Indem man ein vollständiges Verständnis abhängigen Entstehens gewinnt, hat man die große Gewissheit darüber, wie die Gewohnheiten funktionieren. Darum befasst man sich mit der Praxis des Erleuchtungsgeistes und sammelt den Vorrat an Verdienst an; und indem man die Leerheit, oder die nicht-wahre Existenz fokussiert, sammelt man den Vorrat an Weisheit an.

Unterstützt durch diese starke Motivation des Erleuchtungsgeistes, befasst man sich mit der Praxis der sechs Vollkommenheiten oder *paramitas*: Großzügigkeit, Disziplin, Geduld, freudige Anstrengung, Konzentration und Weisheit.

Die sechs Vollkommenheiten können auch unter drei Themenpunkten als *"Die drei höheren Übungen"* betrachtet werden.

Die erste der drei höheren Übungen ist die Praxis der Disziplin. Es gibt drei Arten dies zu bewerkstelligen. Die eine ist in den *Pratimoksha oder Vinaya* erklärt und wird Einzelbefreiung genannt. Die zweite ist die Disziplin der Boddhisattvas und die dritte ist die Disziplin des Tantra.

Es gibt zwei Arten der Disziplin zur Einzelbefreiung, entweder für Mönche, oder für Laien.

Laien können zwei Arten von Regeln annehmen, entweder für einen Tag oder für den Rest ihres Lebens.

Alle Gelübde basieren auf dem Unterlassen der zehn negativen Handlungsverläufe: Töten, Stehlen, sexuelles Fehlverhalten (diese drei sind Untugenden des Körpers), Lügen, spöttische Rede, harsche Worte und eitles Geschwätz (diese vier sind Untugenden der Rede); Be-

gierde, zerstörerische Absicht und falsche Sicht (diese drei sind Untugenden des Geistes).
Falsche Sichtweisen beziehen sich hauptsächlich auf nihilistische Sichtweisen, doch es gibt auch andere falsche Sichtweisen, wie die Anerkennung eines allmächtigen Schöpfers.
Der Hauptweg, wie man die Disziplin eines Boddhisattvas zu praktiziert, ist davon Abstand zu nehmen, sich selbst mehr zu hegen als die anderen. Es gibt viele unterschiedliche Boddhisattvaregeln.
Innerhalb der Tantra-Disziplin gibt es vier Tantraklassen; und für die zwei höchsten Tantraklassen müssen bestimmte Regeln genommen und gehalten werden. Die Hauptregeln bestehen darin, abzulassen von herkömmlichen Erscheinungen, und vom Greifen nach Gewöhnlichem.
Innerhalb der Praxis der drei Disziplinen, sollte die niederere als Grundlage für die beiden höheren genommen werden. Nachdem man den Grundstein für die Disziplin gelegt hat, muss man sich mit den beiden verbleibenden Praktiken befassen, den beiden höheren Übungen: Meditation und Weisheit.
Obgleich die Techniken für die Praxis von Meditation und Weisheit in den Mahayana-Sutren erklärt sind, werden die Techniken, die im Tantra erklärt werden, von Tibetern als kostbarer angesehen.

B. Eine Tantrische Meditation

Vor einigen Jahren trug ich ein Büchlein zusammen, mit dem Titel *Eine Tantrische Meditation, für Anfänger vereinfacht* (siehe Anhang) für neue Buddhisten, die keine tantrischen Initiationen bekommen haben, jedoch an der Praxis interessiert sind.
Es ist nicht notwendig die Anfangsverse zu erklären. Wir werden bei dem Teil beginnen, der die Überschrift „Visualisation" trägt, wo die folgenden Anweisungen gegeben werden: „In dem Raum vor deiner Stirn visualisiere..." und so weiter, für die Visualisation der fünf Gottheiten: Buddha im Zentrum, umgeben von Avalokiteshvara, Vajrapani, Manjushri und Arya Tara.
Beachte hier, dass obgleich Buddhisten einen allmächtigen Schöpfer ablehnen, es im Buddhismus, und besonders im tantrischen Buddhismus, eine Vielzahl an Mandalas und Gottheiten gibt. Eine Interpreta-

tion dafür ist, dass ein erleuchtetes Wesen in verschiedenen Aspekten erscheinen kann, wie von Buddha selbst bewiesen wurde. Er nahm einen Formkörper zum Wohle anderer an, für die dieser sichtbar ist. Die Aspekte Farbe und Form, in denen dieser Formkörper erscheint, hängt von den geistigen Fähigkeiten oder Veranlagungen des fühlenden Wesens ab.

Obgleich der Formkörper seiner Natur nach die allwissende Weisheit des Buddha ist, erscheint er in verschiedenen Aspekten, veranlasst durch die unterschiedlichen Gegebenheiten und mentalen Fähigkeiten fühlender Wesen. Andererseits ist der Wahrheitskörper keine Form, die für andere sichtbar oder zugänglich ist, sondern eher ein von erleuchteten Wesen verwirklichter Zustand.

Im *Kalachakra Tantra,* sind die mehr als siebenhundert Gottheiten in Wirklichkeit die Manifestation der geistigen Qualitäten Buddhas.

Da ist Avalokiteshvara die Manifestation von Buddhas Mitgefühl; Manjushri die Manifestation von Weisheit; Vajrapani die von Energie oder Karma; und Tara, als weibliche Gottheit, die Manifestation ihrer Kraft, um Handlung hervorzurufen.

Gemäß dem höchsten Yoga Tantra sind Buddhas beide Hauptschüler, Shariputra und Maudgalyayana, ebenfalls Gottheiten oder Boddhisattvas. Doch im Allgemeinen betrachtet man sie als Wesen, getrennt von Buddha.

Machen wir bei der Visualisation weiter: Buddha sitzt auf einem Lotusthron im Zentrum in der Vajra-Position, die rechte Hand in der Erdberührungsmudra, die linke Hand hält eine Bettelschale auf der Höhe seines Nabels. Auf jeder Seite seines Thrones, stehen Shariputra und Maudgalyayana etwas nach vorne gerückt.

Der Dharma ist ein völliger Verzicht von Beidem, der Täuschungen und der Verdunklungen des Weges. So ist Dharma mit dem Bewusstsein selbst assoziiert und deshalb formlos. Aber man visualisiert ihn in Form von Schriften, auf dem Tisch zur Rechten des Buddha. Dann visualisiert man den formlosen allwissenden Geist des Buddha als Stupa, zu Buddhas Linken.

Die Schriften auf der rechten Seite des Buddha (die Natur der Beendigungen und der Pfade in Buddha), und die Stupa auf der linken Seite des Buddha (die Darstellung des allwissenden Geistes) sind der Dharma.

So erinnert man sich an die drei Zufluchtsobjekte, die Drei Juwelen: Buddha ist das Zentrum und die Boddhisattvas umgeben ihn als die spirituelle Gemeinschaft, die Sangha.

Von diesen dreien, ist der Dharma die tatsächliche Zuflucht, da wir Freiheit von Leiden erlangen, wenn wir den Dharma in unserem Geist verwirklichen. Darum ist der Dharma die eigentliche Zuflucht, die uns beschützt.

Um die Verwirklichung des Dharmas in unserem eigenen Geist zu erfahren, benötigen wir jemanden, der uns führt. Das ist der Lehrer, der Buddha.

Um einen solchen Dharma zu verwirklichen, benötigen wir spirituelle Begleiter, Beispiele, die uns helfen; das ist die spirituelle Gemeinschaft, die Sangha.

Da die Praxis der Zufluchtnahme in Verbindung mit der Praxis von Selbstlosigkeit unternommen wird, benötigen wir Liebe und Mitgefühl für alle fühlenden Wesen.

Deshalb visualisiert man sie alle fühlenden Wesen um sich herum. Die Feinde sitzen vor einem, da sie uns am Wertvollsten sind, nicht weil sie davonlaufen könnten, wenn sie hinter ihnen wären.

An diesem Punkt ihrer Visualisation, denken sie tief und gründlich über die Kultivierung von Selbstlosigkeit nach, wie den fühlenden Wesen Freude fehlt, und wie sie heftig leiden.

Wenn wir über fühlende Wesen reden, sollten wir nicht denken, sie seien weit von uns entfernt, sondern, wenn wir an sie denken, sollten sie um uns herum sein wie Familienmitglieder und Nachbarn. Sonst, wenn wir von dem Objekte des Mitgefühls reden, denken wir über sie als Objekte, an denen man etwas auszusetzen hätte.

Nun denkt man: Um uns von Leiden und seinen Ursachen zu befreien, müssen wir uns davon überzeugen, dass es für alle fühlenden Wesen nötig ist, die Natur der Wirklichkeit zu erkennen, die tatsächliche Zuflucht in uns selbst.

Mit einer solche Motivation, rezitiert man das Zufluchtsmantra: *„Namo buddhaya, namo dharmaya, namo sanghaya."* Man rezitiert es drei, einundzwanzig oder einhundertacht mal. Der Klang der Rezitation ist nicht so wichtig wie die starke Motivation und Absicht. Nachdem man das entwickelt hat, rezitiere man die oberen Zufluchtsworte. Nachdem man Zuflucht genommen hat, sollte man das Sieben Zwei-

ge Gebet darbringen, wie es im Anhang beschrieben ist.
Nun konzentriert man sich für einen Augenblick auf den Buddha und die heiligen Objekte.
Wenn man ein klares Bild von ihnen im eigenen Geist hat, visualisiert man einen flachen, strahlenden, Kreis im Zentrum der Brust jeder einzelnen Gottheit. In diesem Kreis befindet sich eine symbolische Silbe der stellvertretenden Gottheit: *MUM* für Buddha, *HRIH* für Avalokiteshvara, *DHIH* für Manjushri, *HUM* für Vajrapani und *TAM* für Tara. Jede Keimsilbe ist von ihrem Mantra umgeben.
An dieser Stelle werde ich eine mündliche Übertragung der Mantren durchführen. Bitte sprechen sie mir drei mal nach:

Om muni muni maha muniye svaha- Mantra von Buddha;
Om mani padma hum- Mantra von Avalokiteshvara;
Om wagi shvari mum- das Mantra von Manjushri;
Om vajra pani hum- das Mantra von Vajrapani;
Om tare tuttare ture svaha- das Mantra von Tara.

Rezitiere diese Mantren so oft du kannst. Während der Rezitation denke über die Kultivierung der Selbstlosigkeit, über Liebe und Freundlichkeit der fühlenden Wesen und über Mitgefühl nach.
So kann man ein starkes Gefühl für die drei Zufluchtsobjekte entwickeln. Man visualisiert Lichtstrahlen, die aus den Gottheiten hervortreten.
Das Mantra von Buddha ist das Hauptmantra: *Om muni muni maha muniye svaha*. Es deutet auf die Herrschaft der Erleuchtung hin.
Da Avalokiteshvara die physische Manifestation des großen Mitgefühls von Buddha ist, sollten sich Praktizierende, die auf Kultivierung von Mitgefühl besonderen Wert legen, auf die Rezitation von *Om mani padme hum* konzentrieren. Dieses Mantra wird auch in Erinnerung an Menschen rezitiert, die verstorben sind.
Manjushri ist die physische Manifestation von Buddhas Weisheit und Intelligenz. Darum ist die Rezitation seines Mantras, *Om wagi shvari mum*, sehr hilfreich für Studenten und vor allem für Kinder während ihrer Erziehungszeit. Wenn jemand in einen Gerichtsfall verwickelt ist, bei dem er scharfe und klare Antworten benötigt, dürfte dieses Mantra ebenfalls helfen.

Vajrapani ist die physische Manifestation aller Energien und aller Handlungen der Buddhas, und die Rezitation seines Mantras *Om vajra pani hum,* ist hilfreich bei der Zerstreuung von Hindernissen. Obgleich Dharmapraktizierende nicht abergläubisch sein sollten, heißt es von diesem Mantra, dass es Schaden abwenden kann, der von Wesen aus anderen Dimensionen verursacht wird.

Tara gilt als der gereinigte Aspekt unserer Energie-Winde. Der Energiefaktor bewegt das Bewusstsein auf seine Objekte hin und führt Aktivitäten herbei. Energie ist eine besondere, subtile Kraft. Wenn wir Frieden zu erlangen suchen, Gesundheit, und die Zunahme von Wohlstand oder der Lebensspanne, ist die Rezitation von *Om tare tuttare ture svaha* sehr hilfreich.

Wenn man an der Entwicklung von Einspitzigkeit des Geistes interessiert ist, kann man es an diesem Punkt der Meditationssitzung kultivieren.

Das Beobachtungsobjekt für diese Praxis wechselt. Man kann ein äußeres Objekt fokussieren, ein inneres Objekt, den eigenen Geist, oder die Leerheit.

In der Übung für meditative Versenkung müssen wir die fünf Fehler erkennen, welche die Einspitzigkeit verhindern und die acht geistigen Gegenmittel anwenden. Andere Techniken werden in den neun geistigen Schritten der Entwicklung, den sechs Kräften und den vier Achtsamkeiten, die Fortschritt hervorrufen, erklärt. Sie können in anderen Bücher studiert werden.

Kurz gesagt, die wichtigsten Faktoren, die für die Kultivierung der Meditation benötigt werden, sind eine unerschütterliche und stabile Konzentration, und eine absolute Klarheit des Objektes. Der subjektive Geist sollte sehr klar und lebhaft sein.

Zwei der Fehler, die das Erlangen von Einspitzigkeit verhindern, sind grobe geistige Erregung und grobes geistiges Absinken. Um Erregung herabzusenken, hilft es über Leiden nachzudenken. Wenn sich unser Geist dabei zu sehr zurückgezogen hat, oder gar depressiv wird, müssen wir ihn wieder heben, indem wir an etwas anregendes denken, oder an die frische Luft gehen, ins Licht, um eine schöne Aussicht zu genießen. Auf diese Weise kann man grobes Sinken und grobe Erregung überwinden.

Manchmal finden wir während der Meditation subtile Manifestationen geistiger Erregung oder geistigen Sinkens. Wir verlieren die Klarheit des Objektes oder die Intensität der Konzentration. Es ist nicht nötig, die Sitzung zu beenden. Versuche einfach den Geist zu balancieren.

Wenn der Geist leicht abzulenken ist, hilft es, in dunklen Räumen mit dem Gesicht zur Wand zu meditieren.

Eine Person, die ernsthaft die Praxis der meditativen Versenkung beginnt, sollte mehrere Sitzungen am Tag abhalten, bis zu zwanzig, jede etwa zehn Minuten lang, als ob man die Fortdauer des Feuers bewahren wollte, ohne die Hitze zu verlieren.

Wenn wir in langen Meditationssitzungen subtiles geistiges Sinken erfahren und die Klarheit des Objektes verlieren, verschwenden wir Zeit. Es ist besser zu Beginn kurze Sitzungen abzuhalten.

Man kann viele Praktizierende in imposanten Körperhaltungen sehen, die sich in geistiger Dumpfheit oder geistigem Sinken ausruhen. Als Ergebnis von zu viel geistigem Sinken, wird der Geist immer dumpfer.

Wenn man meditatives Vertieftsein in rechter Weise kultiviert, und einen Zustand erreicht, in dem man sein Objekt für eine Zeitspanne bis zu vier Stunden aufrecht erhalten kann, ohne den Fehler des Sinkens oder der Erregung, ist das wirklicher Fortschritt. Wenn man mit dieser Meditation in rechter Weise weitermacht, kann der Atemprozess für einige Zeit aussetzen.

Dann meditiert man auf die Leerheit, indem man auf die letztendliche Natur Buddhas reflektiert. Da alle Phänomene ohne inhärente Existenz sind, so ist der Buddha, zu dem wir Zuflucht nehmen, ebenfalls ohne inhärente Existenz. Gerade so, wie wir uns selbst analysieren, und nach einem Selbst suchen, im Körper, im Geist, und so weiter, analysieren wir auch Buddha.

Wenn wir versuchen herauszufinden, ob der Körper des Buddha Buddha ist, ob der Geist des Buddha Buddha ist, finden wir Buddha nicht. Wenn wir nach der Essenz der Bezeichnung suchen, können wir Buddha nicht zusammen mit oder getrennt von dem Körper oder Geist finden, obgleich er existiert. Wir müssen zu dem Schluss kommen, dass Buddha nur ein Etikett ist, das der Zusammensetzung von Geist und Körper der Person zuzuschreiben ist.

Dann bedenken wir, wie Buddha unserem natürlichen Geist erscheint. Wir werden herausfinden, dass geradeso, wie uns unser Selbst als – aus sich selbst heraus – wirklich existent erscheint, scheint uns auch Buddha aus sich selbst heraus zu existieren. Bedenken wir, dass wenn ein solcher Buddha existieren würde, wie er uns erscheint, wären wir in der Lage, seine Essenz zu finden, wenn wir danach suchen. Doch man kann sie nicht finden. Also musst man zu dem Schluss kommen, dass Buddha nicht so existiert, wie er uns erscheint.

Um zu zeigen, dass alle äußeren Phänome von der Natur der Leerheit sind, visualisiert man wie folgt. Avalokiteshvara löst sich in den Kopf von Buddha auf, Manjushri in die Kehle, Vajrapani in die Brust, Tara in seinen Nabel und die beiden Hauptschüler in die zwei Seiten seines Körpers.

Man behält nur noch eine klare Visualisation von Buddha, und konzentriert sich so lange man kann auf ihn. Dann schmilzt der Buddha, von oben und unten Richtung Herz, langsam zu Licht und wird in den Lichtkreis im Zentrum seines Herzens absorbiert.

Der Kreis verschwindet im Mantra, das Mantra in die symbolische Silbe *MUM*. Dann verwandelt sich auch die Silbe *MUM* in Licht, und einzig die Spitze des tibetischen Buchstabens *MUM*, der *tigle*, bleibt übrig. Dann verschwindet aud er langsam in die Leerheit.

Man ruht seinen Geist einen Moment lang in dem Leersein von allen selbstexistierenden Erscheinungen aus.

Wenn man die Erscheinung Buddhas in die Leerheit auflöst, sollte man nicht denken, dass er überhaupt nicht existiert. Vielmehr sollte man verstehen, dass er leer von inhärenter Existenz ist.

Nun visualisiert man aus dem Zustand der Leerheit heraus, dass Buddha und die anderen Figuren wieder erscheinen. Man hält sie gedanklich vor sich. Dann schließt man die Meditation ab, und widmet die Verdienste.

C. Fragen und Antworten

Frage: Wenn man den Zustand der Meditation erlangt hat, wie ihn höhere Wesen innehaben, muss man dann immer noch durch die Visualisation des Buddha und der heiligen Menge, wie Tara und alle anderen, mit all ihren Attributen gehen? Kann eine Person, die einen höheren Grad erreicht hat, nicht direkt durch Meditation zu Buddha gehen?

Der Dalai Lama: In dieser Art tantrischer Praxis, gibt es verschiedene Arten von Meditation, mit denen man sich befassen kann, in Bezug auf die verschiedenen Aspekte von Buddhas Attributen. Deswegen gab ich eine Erklärung zu diesen unterschiedlichen Visualisationen.
Für den Pfad ist es tatsächlich nicht notwendig den Buddha zu visualisieren. Ohne jegliche Visualisation kann man einfach auf die Leerheit oder den Erleuchtungsgeist meditieren.
Meditiere einfach auf die Leerheit, auf der Seite der Weisheit, und auf den selbstlosen Erleuchtungsgeist, auf der Seite der Methode.
Aber für tantrische Übung ist es generell nötig, Visualisation zu üben, da der Ergebniszustand sowohl den Formkörper als auch den Wahrheitskörper hat.
Der Hauptgrund, weshalb wir Buddhaschaft erlangen wollen ist, andern fühlenden Wesen zu helfen. Die eigentliche Buddhaqualität, die allen fühlenden Wesen hilft und ihnen nutzt, ist der Formkörper, nicht der Wahrheitskörper. Daher, wenn Boddisattvas das echte Streben nach Erleuchtung kultivieren, konzentrieren sie sich hauptsächlich darauf, den Formkörper zu erlangen.
Um als Ergebnis den Formkörper zu erlangen, muss man die nötigen Ursachen und Umstände ansammeln, gemäß den Gesetzen von Ursache und Wirkung, die alle unbeständigen Phänomene – eingeschlossen den Buddhazustand – herbeiführen. Man muss eine stoffliche Ursache für diesen Formkörper anhäufen, was die Praxis der Weisheit nicht vermag. Erlangen des Formkörpers ist wie die sich ergebende Prägung des angesammelten Verdienstes.
Obgleich gemäß den Sutren, die Übungen der Großzügigkeit, Disziplin und so weiter, ebenfalls Ursache für den Formkörper sein können, können sie jedoch nicht der wesentliche Grund sein. Der Umstand, der als der vollständige, wesentliche Grund für den Formkörper dient, ist der, welcher im Tantra praktiziert wird. Dies ist auf die besondere Energie der Winde zurückzuführen.
Andererseits ist Weisheit, welche die Leerheit verwirklicht, ein wesentlicher Grund dafür, den Wahrheitskörper zu erlangen.
Da es zwei Arten von Ergebniskörpern (Formkörper und Weisheitskörper sind Ergebniskörper) gibt, gibt es auch zwei unterschiedliche Ursachen. Wenn die besondere Energie, die Windenergie, nicht zusammen mit Weisheit hervorgebracht wird, kann es keine Kombina-

tion von Weisheit und Methode geben.
Daher sollte man eine Art Geist entwickeln, der, obgleich von einer Wesenheit, beide Aspekte beinhaltet, den Aspekt der Methode und den Aspekt der Weisheit, für die Verwirklichung von beiden, dem Formkörper und dem Wahrheitskörper, und zwar vollständig innerhalb des Wesens eines Geistes.
Wenn wir gewöhnlich fragen, wie der Formkörper aussieht, gibt es keine unmissverständliche Antwort. Man kann nicht sagen, er sieht aus wie eine Statue. Aber man kann zumindest eine Idee von einem Objekt haben, das von Menschen in aller Welt imaginiert werden kann.
Man sollte das Objekt einer solchen Form nehmen, einer göttlichen, die ähnliche Merkmale hat, wie das Ergebnis, der Formkörper; und indem man eine solche Form fokussiert, bedenke man seine Leerheit. Hier haben wir die Erscheinung der Gottheit, und zur selben Zeit ein Verständnis für seine leere Natur. Daher hat ein solcher Geist beide Qualitäten, die Visualisation der Gottheit und auch das Verständnis von Leerheit vollständig in sich.
Aus diesem Grund ist es nützlich, Gottheiten und ihre Mandalas in der tantrischen Praxis zu visualisieren.

Frage: Ihre Heiligkeit, wenn wir in einen Tempel eintreten, gibt es eine Inschrift, die besagt „Jegliche Existenz ist wie eine Reflexion, klar und rein, ohne Unruhe, es kann nicht gegriffen werden, es kann nicht ausgedrückt werden, ohne Eigennatur, ohne Abgrenzung, gänzlich feststehend durch seine Ursachen und Handlungen." Könnten sie bitte diese Inschrift erklären?

Der Dalai Lama: In der ersten Zeile heißt es, dass alle Phänomene wie Reflexionen sind, von dem Standpunkt eines gewöhnlichen Bewusstseins, wie dem unsrigen aus, gesprochen. Obgleich sie auf *eine* Art erscheinen, existieren sie auf *andere* Weise; sie erscheinen als wahrhaft existent, sind jedoch nicht wahrhaft existent. Daher gibt es einen Widerspruch, geradeso wie wenn die Reflexion eines Gesichtes im Spiegel erscheint, als ob sie das Gesicht selbst wäre, doch es ist nicht das Gesicht selbst.
In der zweiten Zeile sind drei Faktoren erwähnt: klar, rein und ohne

Unruhe. Das bezieht sich auf die drei Objekte des Aufgebens: Verdunkelung von Täuschung; Verdunkelung von Wissen; und Verdunklung von Versunkensein, oder des meditativen Zustandes. Die Zeile besagt, indem man die Natur der Nicht-Inhärenten Existenz in vollem Umfange versteht, ist man befreit von den drei Arten der Verdunkelung. Die dritte Zeile besagt, dass Existenz „nicht gegriffen und nicht ausgedrückt werden kann", das bedeutet, dass die Erfahrung der Verwirklichung nicht gegriffen werden kann, von jemandem wie uns, durch unsere eigenen begrifflichen Gedanken, noch kann sie vollständig ausgedrückt werden durch herkömmliche Worte.
Die letzte Zeile besagt, „ohne Eigennatur, ohne Abgrenzung, gänzlich feststehend durch seine Ursachen und Handlungen", das bezieht sich auf die drei Tore der Befreiung.

Frage: Wenn ein Phänomen, wie wir es verstehen, die Benennung unseres Bewusstseins ist, ist dann das Phänomen ein rein geistiges Konstrukt?

Der Dalai Lama: Obgleich es der Fall ist, dass Phänomene dem begrifflichen Denken anzulasten sind, kann nichts existieren, einzig dadurch, dass es benannt wird. Es ist nicht der Fall, dass irgendetwas, das dem Bewusstsein zuzuschreiben ist, zu diesem zugeschriebenen Objekt wird; Phänomene können nicht manipuliert werden, wie das Bewusstsein es möchte.
Wenn das der Fall wäre, könnte das Bewusstsein oder begriffliches Denken tun, was es wollte. Es gäbe keinen Unterschied zwischen gültigem und nichtgültigem Erkenntnisvermögen, noch zwischen richtig und falsch.
Da Phänomene existieren, ihre wahre Existenz jedoch folgerichtig widerlegt wurde, bleibt als einzige Wahl, dass sie nur dem Namen nach existieren, durch Bezeichnung. Doch das bedeutet nicht, dass etwas Beliebiges, das wir benennen, zu unserer Benennung wird.
In seiner *Grundlegenden Abhandlung der Weisheit,* widerlegt Nagarjuna die Behauptung, Buddha könne nicht allwissend sein, da er gewisse Fragen nicht beantwortet hat. Nagarjuna erklärt, dass Buddha solche Fragen nicht beantwortet hat, beweise vielmehr seine Allwissenheit. Daraus ergibt sich, dass wenn Worte nicht nötig sind, ist es besser

überhaupt nicht zu reden. Was auch immer gesprochen wird, sollte nützlich sein. Eine der zehn untugendhaften Handlungen wird spöttische Rede genannt. Wenn wir reden, um Freunde zu trennen, dann kreieren wir eine untugendhafte Handlung, selbst wenn wir die Wahrheit sagen. Man muss dies vermeiden. Wenn reden hilfreich ist, dann kann selbst Lügen eine tugendhafte Handlung sein. Alles hängt davon ab, ob die Rede nutzt oder nicht.

In bestimmten Belehrungen sagte Buddha, die fünf Aggregate seien wie eine Last, und die Person sei wie der Träger der Last. Hier erklärte er das Selbst für etwas wirklich Vorhandenes. Das widerspricht tatsächlich dem letztendlichen Standpunkt des Buddha selbst.

Er gab diese Erklärung, um Leuten zu nutzen, die sehr stark an der Sicht eines Selbst anhafteten. Wenn er diesen Leuten gesagt hätte, es gäbe kein Selbst, hätten sie vielleicht daraus geschlossen, es gäbe überhaupt nichts.

Frage: Ihre Heiligkeit, ist Verstand von letztendlichem Wert?

Der Dalai Lama: Einigen Arten von Phänomenen können wir uns durch unsere herkömmliche Ebene, die Intelligenz, annähern, doch es gibt andere Arten von Phänomenen, bei denen wir nicht in der Lage sind, sie wahrzunehmen oder uns ihnen anzunähern, bis unser Geisteszustand erhöht ist. Selbst solche höheren Zustände sind noch fest verbunden mit dem Gesetz klaren Denkens.

Im Mahayana Buddhismus herrscht die direkte Annahme, dass es zwei Arten der Belehrungen Buddhas gibt: Endgültige und zu interpretierende Lehren. Einige von Buddhas Lehren sind als endgültig zu betrachten, andere können nicht wortgetreu übernommen werden.

Wie können wir entscheiden, was wörtlich genommen werden kann? Das kann nur durch logisches Schlussfolgern entschieden werden, da Buddhas Worte unterschiedlich ausgedrückt wurden, in unterschiedlichen Kontexten. Um endlose Spekulationen zu vermeiden, entscheiden wir schließlich durch logische Schlussfolgerung.

Der Lehrsatz, der nicht durch Schlussfolgerung widerlegt werden kann, ist die letztendliche Sichtweise des Buddha.

Frage: Ihre Heiligkeit, in der tantrischen Meditation müssen wir unsere Feinde vor uns visualisieren. Da wir unsere Hauptfeinde als Täuschungen betrachten, ist es dann weise, unsere Täuschungen vor uns zu behalten?

Der Dalai Lama: Wir müssen einräumen, dass üblicherweise verschiedene Arten von Menschen existieren, wie Freunde und Feinde. Wenn es auch Situationen geben mag, in denen unsere Wahrnehmung, jemand sei ein Feind, ein Irrtum ist, weil man seine herkömmliche Motivation nicht kennt, können wir uns darauf verständigen, dass es unterschiedliche Gruppen von Menschen gibt, wie Freunde und Feinde. Sollten wir von Feinden sprechen, die immer Feind sein werden, von Anfang bis zum Ende, dann ist der eigentliche Feind eine Täuschung. Das verneint jedoch den äußeren Feind nicht, das Wesen als Person.
Da es Feinde gibt, die beabsichtigen uns zu schaden, sollten sie als Objekt für Geduld angesehen werden, die Grundlage, auf der wir Geduld kultivieren. Wenn wir versuchen, Geduld zu kultivieren, indem wir unsere eigenen Täuschungen fokussieren, würden wir nichts gewinnen. Womit wir uns hier beschäftigen, ist die Erfahrung von Hass und Verlangen zu beseitigen – welche nur erscheinen, weil sich jemand in der Rolle des Feindes befindet – um dann diese Art sich ständig verändernder Emotionen, basierend auf Täuschungen, zu beenden.
Der erste buddhistische Schritt, den Feind zu bekämpfen, liegt auf der Verteidigungsebene, und der zweite Schritt auf der Angriffsebene.
Da wir in der ersten Übungsphase nicht in der Position sind, Täuschungen zu bekämpfen, entwickeln wir Verteidigungstaktiken, um nicht unter den Einfluss von noch mehr Täuschung zu geraten. Die sofortige Übung, die ein Laie unternehmen kann ist: Sich physisch und verbal bei den zehn untugendhaften Handlungen zurückzuhalten, wie zu töten, zu stehlen und so weiter. Das ist die unmittelbare Übung.
Im allgemeinen betrachtet jedermann Töten als schlecht, und oft ist die legale Strafe dafür das Todesurteil. Jeder gibt auch zu, dass Stehlen schlecht ist.
Ein Praktizierender des Buddhadharma, sollte immer in der Lage sein, von sich aus reine Disziplin aufrecht zu erhalten, und sich vor töten und stehlen zurückzuhalten, ob ein Polizist gegenwärtig ist oder nicht.

Ein Praktizierender hat seine eigene Polizei in sich; er ist allzeit auf der Hut, er untersucht beständig, ob er richtig oder falsch handelt, ob seine Motivation rein ist oder nicht.

Es ist wirksam, den Tag mit so etwas wie einem geistigen Meisterplan zu beginnen. Sobald man am Morgen aufwachst, sagt man sich selbst: „Gemeinhin bis zu meinem Tod, aber besonders diesen Monat – an diesem heutigen Tag – werde ich ein spirituelles Leben führen. Zumindest werde ich mich auf nichts einlassen, was anderen schadet, und ich werde versuchen ihnen zu helfen."

Wenn man, im Ingenieurwesen oder der Erziehung, oder in irgendeinem professionellen Gebiet arbeitet, sollte man hohe Grundsätze verfolgen.

Das ist selbst in der Kriegsführung wichtig. Wenn man im Krieg töten muss, tut man es mit hohen Grundsätzen, und verliert die menschlichen Gefühle nicht. Man tut es nur, wenn es absolut notwendig ist.

In der modernen Kriegsführung nehmen menschliche Gefühle ab, da die Handlungen mechanisiert sind. Maschinen haben kein Erbarmen, so werden Kriege naturgemäß sehr zerstörerisch. Frauen und Kinder werden getötet, weil die Bombe kein Bewusstsein hat, kein Unterscheidungsvermögen.

Ich glaube wirklich, dass wir zu viel Nachdruck auf Maschinen legen. In Gebieten wie der Konstruktion, sind sie in Ordnung, aber nicht in anderen Gebieten. Wir sollten unser tägliches Leben mit Grundsätzen führen.

Die Polizei, Nachrichtenagenturen und das oberste Gericht müssen in uns selbst liegen. Seien sie ihr eigener Polizist und Richter. Wenn sie etwas falsches tun, strafen sie sich selbst, nicht physisch, sondern geistig. Bedauern und bekennen sie den Fehler.

Dann später am Abend, bevor sie schlafen gehn, berechnen sie nicht einfach Gewinn und Verlust von Geld. Es ist ebenso wichtig, ihre geistigen Handlungen während des Tages zu berechnen. Fragen sie sich, wie viele negative geistige Handlungen und wie viele positive geistige Handlungen geschahen.

Weil sie diesem Gegenstand besondere Aufmerksamkeit entgegenbringen, wird sich ihr Verhalten im Laufe der Zeit bessern. Eine Person, die leicht ärgerlich ist, wird sanfter. Das ist die erste Ebene der Übung. Wenn man innere Stärke und Selbstdisziplin gewinnt, um Fehlverhalten zu kontrollieren und ein gutes und ehrenhaftes Wesen zu werden, eine warmherzige Person, die anderen nicht schadet, eine mit mehr Mitgefühl, mehr Liebe, mehr Freundlichkeit, wenn diese Qualitäten zunehmen, wird man stabiler. Man wird auch mutiger, und die eigene Willenskraft wird zunehmen. Das sind gute menschliche Qualitäten.

Gewöhnlich erzähle ich den Leuten, dass Mitgefühl, Warmherzigkeit, etwas ist, was wir universale Religion nennen können. Es ist wertvoll, egal ob wir an Reinkarnation glauben oder nicht, ob wir an Gott glauben oder nicht, ob wir an Buddha glauben oder nicht.

Ein bestimmter Glaube ist etwas anderes; das aller Wichtigste ist, ein gutes menschliches Wesen zu sein. Früher oder später müssen wir sterben, und wenn wir dann die vergangenen Jahre rückblickend mit Bedauern betrachten, ist es zu spät, oder nicht?

Verbringen sie jeden Tag ihres Lebens auf nützliche Weise. Versuchen sie anderen nicht zu schaden, stattdessen helfen sie ihnen. Wenn dann der letzte Tag kommt, werden sie glücklich und zufrieden sein. Wenn auch einige ihrer Freunde weinen, werden sie nichts bedauern. Wenn sie als Buddhist in diesem Leben gute Samen säen, haben sie die Garantie, dass ihr nächstes Leben ein besseres wird.

Gelegentlich sollten wir damit beginnen, mehr über Leerheit nachzudenken. Das ist der Startpunkt, den Angriff auf den inneren Feind aufzunehmen. Auch hier ist letztlich die eigene Motivation der Hauptfaktor. Ich glaube es war der frühere Ministerpräsident Morarji Desai, der mir erzählte, als wir über Gewaltlosigkeit sprachen, dass dies eine außergewöhnliche Methode sei. Ungeachtet guter Motivation und guter Ergebnisse ist Gewalt immer schlecht. Das war seine Haltung.

Doch vom buddhistischen Standpunkt aus sind Motivation und Ergebnis wichtiger als die Mittel. Wenn die eigene Motivation gut ist, ist das Ende ebenfalls gut. Wenn die eigene Motivation und das Ziel gut sind, das Resultat jedoch schlecht, dann ist die Motivation wichtiger. Ungeachtet eines fehlenden Erfolges, wenn die eigene Motivation ehrlich war, ist nichts falsch.

Es gibt eine Geschichte aus Tibet. Eine Statue von Buddha befand sich draußen im Regen. Eine Person ging vorbei, sah die Statue und dachte: „Regen sollte nicht auf ein Abbild Buddhas fallen." So schaute sie sich nach etwas um, die Statue damit zu bedecken. Sie konnte nichts anderes finden, als ein paar Sohlen alter Schuhe, so bedeckte sie den Buddha mit diesen Sohlen.

Eine andere Person kam vorbei und dachte: „Wie kann irgend jemand alte Sohlen auf eine Statue des Buddha legen?" Sie entfernte die Sohlen. Weil in beiden Fällen die Motivation ehrlich war, wurde kein Schaden angerichtet. Beides brachte gleichermaßen gutes Karma hervor.

Wir sprachen darüber, wie wir unsere Geisteszustände bewältigen, wie wir sie reinigen und verbessern. Das ist etwas sehr Wichtiges. Anfangs ist es schwer zu praktizieren. Geben sie sich jedoch beständig Mühe, und nach einiger Zeit wird sich ihre Erfahrung verbessern.

Der Bodhisattva Avalokiteshvara

4

BUDDHISTISCHE AUSSICHTEN

A. Vollständige Praxis

In dieser Zeit, wo Gewalt und Grausamkeit zunehmen, ist Buddhas Botschaft der Gewaltlosigkeit sehr wichtig.
Wie Mahatma Ghandi glaube ich, dass die Essenz der Lehren Buddhas und die vieler anderer alter indischer Lehrer Indiens, im Bereich unseres täglichen Lebens durchgeführt werden sollte. Nimm die Essenz, und wende sie in deinem beruflichen Leben an; das ist der rechte Weg. Wenn wir religiöse und spirituelle Lehren als etwas Isoliertes betrachten, sind sie wenig von Nutzen. Und wenn wir in unserem weltlichen Leben die spirituelle Praxis vergessen, ist es ebenfalls nicht richtig.
Ich glaube, dass während sich Indien durch Wissenschaft und Technologie materiell entwickelt, ist es enorm wichtig, sein reiches kulturelles Erbe zu bewahren. Wenn zu irgend einer Zeit in der Zukunft die Weltbevölkerung in Harmonie lebt, auf einer echten, freiwilligen Grundlage, wird die gesamte Menschheit beinahe wie eine Familie werden, ohne jegliche Unterschiede und Konflikte, dann ist eine solche Einheit in Ordnung. Wenn ein solch guter Tag kommt, können wir unser kulturelles Erbe loslassen, das uns eine getrennte Identität verleiht.
Bis es so weit ist, denke ich, ist es wichtig, unser eigenes kulturelles Erbe zu bewahren. Das trifft besonders auf den Fall des alten Kulturerbes von Indien zu, das so eng verbunden ist mit der geistigen Entwicklung. Materieller Fortschritt sollte sich mit der Kultur vertragen, die sehr eng verbunden ist mit geistiger Entwicklung.
Wie ich früher erwähnt habe, ist dieses Zusammentreffen ganz und gar formlos. Sie sollten sich so fühlen, als hätten wir uns in ihrem eigenen Haus versammelt, um Erfahrungen auszutauschen und Ideen über Wege und Mittel zu diskutieren, die uns helfen, unsere täglichen Probleme zu verringern, und unseren geistigen Frieden und unsere Anständigkeit zu vermehren. Wenn wir geistigen Frieden besitzen, dann wird es eine friedvollere Atmosphäre in unseren eigenen Häu-

sern geben, und das wird zukünftigen Generationen helfen, unseren Kindern und Enkelkindern.

B. Die vier edlen Wahrheiten und abhängiges Entstehen

Wenn wir Probleme haben, so ist ein Weg ihnen gewachsen zu sein, sie wenigstens auf einer zeitweiligen Basis einfach zu vergessen. Wenn der Geist erschöpft ist und schwer wird, geht man ins Wochenende und macht ein paar Tage Ferien.
Das ist eine Methode, aber eine sehr vorläufige. Das Problem bleibt.
Ein anderer Weg, sich von dem Problem zu befreien, ist, es anzusehen und zu analysieren. Wenn man es von einem sehr engen Gesichtspunkt aus betrachtet, erscheint es sehr groß, wie etwas Unerträgliches; wenn man aber dasselbe Problem aus der Entfernung ansieht, wird es kleiner. Analysieren sie das Problem und denken sie darüber nach. Das ist sehr hilfreich.
Als Buddha, bevor er seinen spirituellen Weg begonnen hatte, das schreckliche Leiden der Menschen sah, wußte er, dass Leiden ein unerwünschtes Phänomen ist, und er suchte nach Methoden und Mitteln, dies zu überwinden.
Im Laufe seiner Suche, noch bevor er Erleuchtung erlangt hatte, unternahm Buddha Shakyamuni die strengsten Übungen. Zum Beispiel meditierte er sechs Jahre, und aß beinahe nichts. Das ist sehr bezeichnend, weil es zeigt, dass man für die religiöse Praxis sehr viel Mut haben, und darauf gefasst sein muss, hartes Elend zu ertragen.
Das wird auch durch die Lebensgeschichte vieler großer Meister der verschiedenen Traditionen veranschaulicht. Viele von ihnen ertrugen Opfer für ihre spirituelle Reinigung.
Die erste Belehrung, die Buddha nach seiner Erleuchtung gab, war die der vier edlen Wahrheiten. Sie sind auf der Grundlage von Ursache und Wirkung erklärt.
Das, was als zyklische Existenz oder Samsara bekannt ist, bildet die Ursache unerwünschten Leidens, als Konsequenz negativer Handlungen. Hat man die negativen Muster transzendiert, ist Nirvana oder Befreiung die Folge davon.
Um zyklische Existenz zu erklären, und die Kraft, durch die eine Person hineingetrieben wird, lehrte der Buddha die beiden ersten

edlen Wahrheiten:
Die Wahrheit des Leidens und die Ursache des Leidens.
Dann lehrte er die beiden nächsten edlen Wahrheiten:
Der Zustand von Nirvana, oder Befreiung, der als letztendlicher Frieden oder Beendigung von Leiden bekannt ist; und der Pfad zu dieser Beendigung. Die Ursache, die eine solche Verwirklichung hervorbringt, wird die Wahrheit des Pfades zur Beendigung genannt.
Darum kennzeichnete der Buddha zuerst die vier edlen Wahrheiten, indem er sagte: „Das ist die Wahrheit von Leiden; das ist die Wahrheit seiner Quelle; das ist die Wahrheit der Beendigung; und das ist die Wahrheit des Pfades der zu ihr führt."
Mit der Feststellung der vier edlen Wahrheiten, bot der Buddha den eigentlichen Weg, auf dem wir ein Verständnis von ihnen erlangenkönnen.
Um zu erklären, wie das Verständnis dieser vier edlen Wahrheiten mit unserer eigenen Praxis des spirituellen Pfades verbunden werden muss, lehrte der Buddha, dass Leiden erkannt werden, und die Quelle des Leidens aufgegeben werden müssen. Bis wir erkennen, dass Leiden gefährlich ist, werden wir keinen Versuch unternehmen, es loszuwerden. So müssen wir erst erkennen, dass die reine Gegenwart zyklischer Existenz Leiden ist. Indem man erkennt, dass zyklische Existenz, die Quelle allen Leidens, etwas ist, dass es zu transzendieren gilt, und dass Beendigung etwas ist, dass man erreichen muss, folgen wir dem Pfad der Beendigung. Auf diesem Pfad müssen wir meditieren, damit wir die Beendigung erlangen.
Die Analyse des Leids, führt uns in einen offenbaren Widerspruch, wie in den Aussagen Buddhas erklärt wird: „Leiden muss erkannt werden, aber es gibt kein Leiden, das erkannt werden kann; Die Quelle des Leidens muss aufgegeben werden, aber es gibt nichts, das aufgegeben werden kann; Beendigung muss erlangt werden, aber es gibt nichts zu erlangen; der Pfad zur Beendigung ist etwas, über das meditiert werden muss, aber es gibt nichts, über das meditiert werden kann."
Widersprüche tauchen auf, weil wenn wir das Leiden betrachten und es analysieren, finden wir kein Leiden, als unabhängig oder objekthaft, oder wirklich existent; und das wünschenswerte Phänomen letztendlicher Freude, letztendlichen Friedens, Nirvana, sind Produkte aus Ur-

sachen und Umständen. Vielmehr sind beide – die nichtwünschenswerte Erfahrung von Leiden und das wünschenswerte Phänomen letztendlicher Freude, letztendlichen Friedens, Nirvana – Produkte von Ursachen und Umständen. Kein unabhängiges Ding existiert; alles hängt von Ursachen ab.

Buddha gab in seinen Lehren der zwölf Glieder des abhängigen Hervorbringens oder Erscheinens eine detailliertere Erklärung von Leiden, der Ursachen von Leiden, und wie sich Leiden aus Ursachen entwickelt.

Die zwölf Glieder sind: Unwissenheit, karmische Gestaltung, Bewusstsein, Name und Form, sechs Eintritte oder Quellen, Berührung, Empfinden, Verlangen oder Sehnsucht, Anhaftung oder Greifen, Eindruck oder Werden, Geburt und schließlich Altern und Tod.

Die Folge von abhängigem Hervorbringen ist die, dass jede Stufe abhängt von einer vorhergehenden Stufe und ohne sie nicht erscheint. Um Altern und Tod zu stoppen, müssen wir den tatsächlichen Übeltäter stoppen, die Phase, die wir nicht wollen, samsarische Wiedergeburt nämlich, erzeugt durch die verunreinigten Kräfte von Karma und Täuschungen.

Darum müssen wir die Beendigung von Unwissenheit erlangen. Wenn wir den ersten Schritt beenden, hören die anderen elf automatisch auf. Wie der Prozess von Leiden entsteht, wurde von dem indischen Meister Asanga, auf der Grundlage dessen, was als *die drei Bedingungen* bekannt ist, erklärt.

Die erste Bedingung ist die Unbeweglichkeit. Unbeweglichkeit bedeutet, dass die Leiden durch eine Intention produziert werden, nicht durch jemanden wie einen Schöpfer, und sie existieren als Ergebnis ihrer eigenen Ursachen.

Die zweite ist die Bedingung der Unbeständigkeit. Das bedeutet, dass, obgleich Leiden aus ihren eigenen Ursachen und Bedingungen erscheint, diese Ursachen und Bedingungen unbeständig sein müssen, da beständige Phänomene keine Wirkungen hervorrufen können.

Die dritte Bedingung ist bekannt als diejenige, die ein bestimmtes Potential hat. Zu sagen, dass Ursachen und Bedingungen unbeständig sind, ist nicht genug; es ist notwendig, dass jede Ursache und Bedingung ihr einzigartiges Potential zeigen, um eine individuelle Wirkung zu erzeugen. Eine bestimmte Bedingung kann nicht irgend etwas Beliebiges erzeugen. Buddha erkannte, dass das Potential der Ursache die Unwissenheit ist.

Buddhisten erkennen einen Schöpfer nicht an. Sie ziehen es vor, an Selbstverursachen zu denken. Letztendlich ist der Schöpfer der eigene Geist. So lange der eigene Geist unrein ist, ist das Ergebnis negativ; unerwünschte Ergebnisse werden folgen. Doch wenn einst der eigene Geist gereinigt sein wird, erleuchtet, haben alle negativen Ergebnisse aufgehört, und positive Ergebnisse sind die Folge.

Manchmal erzähle ich meinen Freunden, Buddhismus sei eine menschliche Religion und habe nichts mit Gott zu tun. Es handelt hauptsächlich davon, wie man sich benimmt und den eigenen Geist übt.

Doch dass bedeutet nicht, dass Buddhisten höhere Wesen nicht anerkennen. Vom Gesichtspunkt erfahrener oder erleuchteter höherer Wesen aus gesehen, gibt es nicht nur einen Gott, sondern tausende, millionen von Gottheiten, wie zum Beispiel *devas*. Wir erkennen dies an. Besonders im Tantrayana gibt es viele Gottheiten, sowohl zornvolle, als auch friedvolle Gottheiten. All diese Gottheiten, Götter und Göttinnen, *devas* und *devis*, sind Manifestationen eines Wesens oder in einigen Fällen einfach die Erzeugung des eigenen Geistes.

Wesentlich wichtiger für Buddhisten ist: Buddha Shakyamuni war ein erfahrener Lehrer, voll Mitgefühl und Weisheit, der uns durch seine eigenen Erfahrungen Wege und Mittel aufgezeigt hat, mit denen wir unseren Geist reinigen können. Buddha Shakyamuni erlangte Erleuchtung durch den harten Werdegang seiner spirituellen Übungen. Buddha selbst erklärte das tatsächliche Erscheinen der *zwölf Glieder des abhängigen Entstehens*, von der Unwissenheit bis zum zwölften, Altern und Tod, und er erklärte auch den Weg, diesen Prozess beenden zu können.

Nachdem er erklärt hatte, wie man durch diesen Existenzkreislauf gehen und ihn auf der Grundlage der *vier edlen Wahrheiten* beenden kann, erklärte er die so genannten zwei Wahrheiten.

Wenn er sagt, Leiden sei etwas, das man erkennen muss, es aber nichts zu erkennen gibt, zeigt dieses Beispiel tatsächlich die zwei Wahrheiten. Auf der relativen Ebene gibt es *einen* Aspekt, und auf der letztendlichen Ebene einen *weiterer* Aspekt.

Zum Beispiel sehen wir diese wunderbare Blume. Sie verändert sich die ganze Zeit über, und wenn man sie hoher Temperatur aussetzt, wird sie sich sogar schneller verändern. Wir sehen die Auswirkung, die Umstände wie Hitze und Kälte auf die Veränderung der Blume haben. Jemand mag sagen: „Diese Rose ist sehr gut, guter Duft, gute Farbe." Dennoch könnte ein anderer sagen „Oh, diese Rose ist nicht gut. Sie sieht schön aus, ist aber sehr dornig. Wenn ich sie anfasse, verletzt sie mich."

So haben wir hier ein Objekt, dass von verschiedenen Winkeln aus als gut, schlecht oder neutral betrachtet wurde. Da ihre Natur relativ ist, können wir sie auf verschiedene Weise erläutern.

Das zeigt, dass es von anderen Faktoren abhängt. Wenn etwas, das schön, oder von guter oder schlechter Qualitäte ist, unabhängig wäre, dann würde es keine Rolle spielen, aus welchem Blickwinkel heraus man es betrachtete. Es würde immer schön, gut oder schlecht bleiben; es würde unabhängig bleiben.

Das zeigt, dass das Konzept, in diesem Fall die Schönheit, relativ ist. Wenn wir ein herkömmliches Objekt, wie diese Blume, von verschiedenen Standpunkten aus betrachten, und auch die Konzepte, die daraus erzeugt worden sind, dann kommt einem in den Sinn, dass an der Grundlage dieses Objektes etwas sein muss, dass all diese unterschiedlichen Konzepte zulässt. Die Abwesenheit von unabhängiger Natur dient als diese Grundlage.

Wenn der Tisch leer ist, können wir viele Dinge darauf stellen, doch wenn er bereits besetzt ist, gibt es keinen Raum für mehr Dinge. Letztendliche Natur dient als Grundlage dafür, das Dinge empfangen können oder befähigt werden, all ihre unterschiedlichen Aufgaben haben zu können. Das zeigt, dass es zwei Ebene gibt. Auf der einen Ebene können all diese verschiedenen Aspekte auf einer bestimmten Grundlage funktionieren. Diese Grundlage können wir nicht direkt sehen, wenn wir jedoch tiefer denken, können wir fühlen, dass es da etwas gibt, das all diese Dinge ermöglicht.

Diese zwei Wahrheiten, relative und letztendliche, sind verschiedene Phänomene. Begreifen wir sie, helfen sie uns in unserem Verständnis der vier edlen Wahrheiten.

Die Wahrheit der Ursache des Leidens ist erklärt, auf der Grundlage dessen, was als die beiden Quellen bekannt ist: Täuschungen und karmische Handlungen, die von Täuschungen motiviert sind.

Buddha sagte, dass Täuschungen selbst, das Produkt eines undisziplinierten, negativen Geisteszustand sind, dieser undisziplinierte Geisteszustand selbst aber sehr abhängt von Ursachen und Wirkungen.
Da diese unterschiedlichen Aspekte des Geistes ebenfalls von Ursachen und Umständen abhängen, ist dieser Geist von einer bestimmten Natur, die es ihm ermöglicht, in verschiedene Zustände, wie positiv und negativ, zu transformieren. Deshalb gibt es eine Möglichkeit, diese Täuschungen zu beseitigen, diese Vorurteile, die von Ursachen und Umständen erzeugt wurden.
So begründen wir, dass Beendigung von Leiden existiert. Durch das Verstehen dieser *zwei Wahrheiten*, gelangen wir zu vollkommenem Verstehen der *vier edlen Wahrheiten*.
Die vier edlen Wahrheiten sind in der Literatur des Hinayana und Mahayana bis ins Einzelne erklärt, doch sorgfältig ausgeführte Erklärungen der *zwei Wahrheiten*, können wir nur im Mahayana finden.
Durch das Verstehen der *zwei Wahrheiten* beginnt man die *vier edlen Wahrheiten* zu verstehen; und durch das Verstehen der *vier edlen Wahrheiten* beginnt man die *Drei Juwelen* zu verstehen: Buddha, Dharma und Sangha. Die Person, welche den höchsten Zustand der Reinigung erreicht, der Beseitigung aller negativen Gedanken, ist ein Buddha; und diejenigen, welche sich im Prozess der Reinigung befinden, umfassen die Sangha. Alle guten Qualitäten des Geistes, nennen wir Dharma.

C. Hinayana, Mahayana, Tantrayana

Die Methoden, Beendigung zu erlangen, werden in den drei höheren Übungen der Hinayana Tradition erklärt.
Die erste höhere Übung ist die der Weisheit, die eigentliche Waffe, Unwissenheit zu zerstören.
Um einen Praktizierenden zu befähigen, diese Waffe der Weisheit auf starke und wirksame Weise zu gebrauchen, wird die Übung der Konzentration als *Einspitzigkeit des Geistes* erklärt.
Diese wiederum ist auf der Übung der Selbstdisziplin gegründet.
Die beste Methode für den Praktizierenden, gemäß dem Mahayana, ist, inspiriert zu sein von der Motivation der spirituellen Selbstlosigkeit. Das ist der Praktizierende, der – auf der Grundlage von Mitge-

fühl für andere Wesen, und dem Streben ihnen zuliebe Erleuchtung zu erlangen – sich mit der Übung der sechs Vollkommenheiten beschäftigt: Großzügigkeit, Disziplin, Geduld, freudige Anstrengung, Konzentration und Weisheit.

Eine andere höhere oder geistig verfeinertere Methode, wird im Tantrischen Fahrzeug erklärt. Um das Erlangen von Erleuchtung zu beschleunigen, wendet man bestimmte Yogas an, wobei der Praktizierende tatsächlich die Erscheinung und Vorstellung von sich selbst, als einem gewöhnlichen Wesen, verhindert, indem er sich als eine Gottheit hervorruft, eine göttliche Form, und sich dann mit dieser Praxis beschäftigt. Das ist die tantrische Methode.

Innerhalb des Tantrayana praktizieren wir auch den Pfad des höchsten Yoga Tantra. Die Hauptaspekte dieser Praxis sind Methode und Weisheit.

Obgleich Methode und Weisheit, gemäß den unterschiedlichen Kontexten, viele unterschiedliche Bedeutungen haben, ist hier mit dem Begriff ‚Weisheit' das Bewusstsein gemeint, das die Natur der Leerheit erkennt. Methode ist das Streben, Erleuchtung zu erlangen, um aller fühlenden Wesen willen. Die wirkliche Praxis dieser beiden Faktoren sollte auf der Grundlage der eigenen geistigen Meditation unternommen werden.

Man kann dies ohne jegliche Visualisation eines göttlichen Objektes tun, doch es hilft, ein göttliches Wesen als Objekt der Praxis zu nehmen. Darum, gemäß diesem Text (siehe im Teil B, Kapitel drei), visualisieren wir fünf göttliche Wesen.

Da wir hier über Gottheiten meditieren, gibt es auch einen Teil, in dem man Mantren der besonderen Gottheiten rezitiert, doch die eigentliche Praxis sollte durch geistige Meditation erfolgen. Dennoch, wenn man sich am Ende der Meditationssitzung müde fühlt, anstatt dem Geist Arbeit anzuschaffen, kann man dem Mund Arbeit geben und Mantren rezitieren.

D. Korrekte Umgebung

Der erste Abschnitt des Textes (siehe Anhang), erklärt die Umgebung, in der die Praxis unternommen werden soll.

Für den Anfänger ist der Ort recht wichtig. Wenn wir gewisse Erfahrungen gemacht haben, wirken äußere Faktoren wenig. Doch im Allgemeinen sollte der Ort für die Meditation ruhig sein.

Wenn wir Einspitzigkeit des Geistes meditieren, benötigen wir einen vollkommen isolierten Ort, einen ohne Geräusch. Das ist sehr wichtig. Dann macht die Höhe für gewisse Yoga Übungen einen Unterschied. Eine größere Höhe ist besser; hohe Berge sind die besten Orte. Es gibt auch Plätze, an denen erfahrene Meditierende früher gelebt, und so den Platz gesegnet und ermächtigt haben. So sind später weniger erfahrene Personen inspiriert durch den Ort, sie bekommen Schwingungen oder Segnungen von dem Ort. Zuerst segnet eine höchst entwickelte Person diesen Ort und später werden diese Segnungen anderen Meditierenden übertragen.

Wenn wir den Raum säubern und in Ordnung bringen, sollten wir uns nicht nur einen sauberen Raum wünschen, sondern unseren Geist in Ordnung zu bringen suchen. Wenn wir später Gottheiten visualisieren, Opferungen machen und Mantren rezitieren, ist es, als ob wir alles vorbereitet hätten, um wichtige Gäste zu empfangen. Wenn wir einen geladenen Gast erwarten, machen wir zuerst sauber und räumen auf. Es ist nicht nett, einen Gast an einen unaufgeräumten Platz einzuladen. Um Meditation zu üben, säubert man zuerst den Raum. Der Wunsch dies zu tun, sollte nicht vergiftet sein durch solch negative Geisteszustände, wie Anhaftung, Ablehnung oder ähnliche Haltungen.

Über einen der großen Meditierenden in Tibet gibt es eine Geschichte. Eines Tages stellte er seine Opfergaben besonders schön auf, dann setzte er sich hin und dachte: "Warum habe ich das getan?"

Er erkannte, dass er es getan hatte, um einem seiner Wohltäter zu imponieren, der gekommen war und ihn an diesem Tag sehen wollte. Er war dermaßen angewidert über seine verunreinigte Motivation, dass er eine Hand voll Staub nahm und sie auf die Opfergaben warf.

Dieser Meditierende war einst ein Dieb. Gelegentlich war er immer noch bewegt von dem Drang zu stehlen. Als er einmal eine bestimmte Familie besuchte, langte seine rechte Hand automatisch nach einem wunderschönen Objekt. Mit seiner Linken fing er sie ein und rief: „Hier ist ein Dieb, hier ist ein Dieb." Er konnte sich auf diese Weise üben. Das war wirklich ein wirksamer Weg der Übung, da er zu jeder Zeit das Richtige ausführte.

Ähnlich ist es, wenn wir sauber machen oder Vorbereitungen treffen; dann muss unsere Motivation rein und ernsthaft sein. Weltliche Belange sollten so wenig wie möglich mit einbezogen sein.
Die Art, wie die verschiedenen Zufluchtsobjekte auf dem Altar angeordnet werden sollten, wird im Text erläutert. Wenn man alle religiösen Objekte hat, dann sollte man sie zeigen. Wenn man sie nicht aufbringen kann, macht das nichts. Der große Meditierende Tibets, der Yogi Milarepa, hatte nichts außer einigen Rollen Papier mit den Anweisungen seines Meisters Marpa, die um die Höhle herum aufgestellt waren. Er hatte überhaupt nichts in seiner Höhle, aber eines Nachts brach ein Dieb ein. Milarepa lachte und sagte: „Da ich während des Tages hier überhaupt nichts finden kann, was gibt es, das du in der Nacht finden willst?" Es heißt, dass wirkliche Meditierende niemals einen Mangel an äußerem Rohstoff haben.

E. Zufluchtssymbole

Zuerst wird die Statue des Buddha erklärt.
Der Sanskritbegriff ‚Buddha', weist auf ein Wesen hin, dessen Geist von Fehlern gereinigt ist, und dessen Verwirklichungen vollkommen entwickelt sind.
Buddha ist auch als Tathagatha bekannt, derjenige, der eingetreten ist in die Natur der Soheit, und derjenige, der daraus hervorkam.
Wenn jemand die Bedeutung von einem erklärt, der aus der Natur der Soheit hervorgekommen ist, dann kommt man zum Thema der drei Körper eines Buddha: Wahrheitskörper (Dharmakaya), Freudenkörper (Sambhogakaya) und Emanationskörper (Nirmanakaya).
Detaillierte Erklärungen über die drei Körper des Buddha, können in der gesamten Mahayana Literatur gefunden werden.
Gemäß diesem Lehrsatz nahm Buddha – als er als Buddha Shakyamuni in dieses Universum kam – den Emanationskörper von dem Wahrheitskörper an. Hier werden alle großen Ereignisse im Leben des Buddha, beginnend von der Empfängnis im Leib bis zu seinem *Parinirvana*, als die Taten Buddhas angesehen.
Die Buddhas sind auch als *„Zum Segen Gegangene"* (*Sugata*) bekannt, diejenigen, die in Frieden gegangen sind, diejenigen, die den friedvollen Pfad zu einem friedvollen Zustand bereist haben. Dieser Begriff

schließt friedvolle Verwirklichung, friedvolles Aufgeben oder Beenden, und die Buddhanatur, Essenz des Buddha mit ein, welche – im Einklang zum buddhistischen Grundsatz – inhärent in allen fühlenden Wesen ist.

Gewöhnlich wird erklärt, dass Körper, Rede und Geist des Buddha verschiedene Manifestationen haben: der Körper als Avalokiteshvara, die Rede als Manjushri und der Geist als Vajrapani. Aber im Text (siehe Anhang) werden Avalokiteshvara, Manjushri und Vajrapani, als Verkörperungen des Mitgefühls, der Weisheit und der Kraft der Buddhas erklärt.

Avalokiteshvara und Manjushri erscheinen als friedvolle Gottheiten, wohingegen Vajrapani leicht zornvoll erscheint.

Im Allgemeinen, wenn jemand große Geisteskraft besitzt, kann er sich in Handlungen viel durchgreifender und kraftvoller einbringen, und das ist der Grund dafür, dass es zornvolle Gottheiten gibt. Gemäß dem höchsten Yoga Tantra, nennt man das: "Begierde und Wut mit in den Pfad nehmen."

Hier wird von Tara, einer anderen friedvollen Gottheit gesprochen, als dem Reinigungsaspekt der Energie des Körpers. All die unterschiedlichen Qualitäten des Buddha, eingeschlossen Mitgefühl, Weisheit und Kraft, hängen von dem beweglichen Faktor ab, der Energie.

Man kann sagen, Tara sei die weibliche Gottheit. Es gibt eine Legende, der zur Folge Tara, als sie das Streben nach Erleuchtung kultiviert hatte, entschied, in ihrer weiblichen Form erleuchtet zu werden.

Als Vertretung für Buddhas Sprache, benutzen wir einen heiligen Text, wenn möglich eine Kopie des Sutra *Vervollkommnung der Weisheit*, oder das *Prajnaparamitasutra*.

Prajnanparamita bedeutet, die Weisheit die darüber hinaus gegangen ist. Es gibt verschiedene Arten von Weisheit, natürliche Weisheit, der Pfad der dahin führt und der sich ergebende Weisheitszustand. Das Sutra *Vervollkommnung der Weisheit*, erläutert diese unterschiedlichen Arten von Weisheit.

Diese Art Literatur bildet die Hauptgruppe der Mahayana Literatur. In der tibetischen Übersetzung des heiligen Buddhistischen Kanons gibt es einige zwanzig Bände des Sutra *Vervollkommnung der Weisheit*, etwa zwanzig verschiedene Texte umfassend. Der umfassendste Text hat einhunderttausend Verse, der nächste fünfundzwanzigtausend, achttausend und so weiter.

Der kürzeste Text umfasst einen Buchstaben, *Ah*. Dieser ist unter dem Sutra *Vervollkommnung der Weisheit in einem Buchstaben* bekannt. Im Sanskrit ist *Ah* der Buchstabe für die Verneinung, da die Soheit, oder die letztendliche Natur, wie schon besprochen, das Fehlen von unabhängiger Existenz ist; das ist eine Verneinung.

Das nächste Zufluchtssymbol ist die Stupa. Diese vertritt den Geist Buddhas. Es gibt acht verschiedene Arten von Stupas und sie symbolisieren zum Beispiel, den Sieg über die Dämonen, die Erleuchtung, das *Parinirvana*, und so weiter. Wenn ich diese verschiedenen Arten von Stupas ansehe, denke ich, sie sind entwickelt worden, als Mittel der Erinnerung.

Als nächstes werden die Opfergaben von reinem Wasser, Blumen, Räucherwerk, Licht und Früchte auf den Altar gelegt. Diese werden nachgebildet, nach der Sitte, wie ein Gast in Indien früher bewirtet wurde. Wenn Buddha in Tibet gelehrt hätte, würde er über Opfergaben wie Butter und Tsampa gesprochen haben.

F. Physische Niederwerfung und Atmung

Als nächstes möchte ich die physische Niederwerfung während der Meditation erklären. Der Meditationssitz sollte hinten ein wenig angehoben sein, denn das hilft, die Müdigkeit zu verringern. Der gegenwärtige Sitz, auf dem ich sitze, ist federnd; der vordere Teil ist tatsächlich höher als der hintere, genau das Gegenteil also.

In der Vajra-Position (mit gekreuzten Beinen) zu sitzen, ist sehr schwierig, wenn es jedoch keinen Schmerz verursacht, ist das die korrekte Art zu sitzen. Oder mankann in der halben Vajra-Position oder in der Tara-Position sitzen, die sehr bequem ist.

In der korrekten Handmudra, liegt der Rücken der rechten Hand in der Handfläche der linken; die beiden Daumen berühren sich, stehen nach oben und bilden so ein Dreieck. Dieses Dreieck hat eine tantrische Bedeutung, sie symbolisiert den Bereich der Wahrheit (*Dharmadhatu*), die Wirklichkeitsquelle, und auch innere Hitze am Nabel.

Die Arme sollten den Körper nicht berühren. Der Kopf ist leicht nach unten geneigt, die Zungenspitze berührt den Gaumen, das verhindert Durst und Speichelfluss, wenn der Meditierende in einspitziger Konzentration verharrt. Lippen und Zähne sollten in ihrer natürlichen Stellung belassen werden, die Augen blicken auf die Nasenspitze. Das ist kein Problem, wenn man eine große, betonte Nase hat, wenn jemand aber eine schmale Nase hat, verursacht es ihm manchmal Qualen, wenn er auf die Spitze sieht. So hängt dieser Hinweis von der Größe der Nase ab.

Nun zu der Position der Augen: Am Anfang mag es ihnen eine klarere Visualisation verleihen, wenn sie die Augen schließen, doch auf lange Sicht ist es nicht gut; sie sollten die Augen nicht schließen. Visualisation wird auf der geistigen Ebene vollzogen, nicht auf der sensorischen. Wenn man sich darin übt, und daran gewöhnt ist mit offenen Augen zu meditieren, dann wird man das geistige Bild, auf das man meditiert selbst dann nicht verlieren, wenn ein Objekt vor die Augen tritt. Andererseits, wenn man sich darin übt, mit geschlossenen Augen zu meditieren, wird man das geistige Bild in dem Augenblick verlieren, wo man die Augen öffnet.

Während der Meditation sollte der Atem natürlich sein. Man sollte weder zu gewaltsam atmen, noch zu zart. Wenn man gelegentlich in Verbindung mit tantrischer Praxis meditiert, und bestimmte wütende Yogas praktiziert, wie die *neun Runden Energie Praxis*, dann ist das etwas anderes.

Wenn man in einem schwankenden Geisteszustand ist, wenn man beispielsweise ärgerlich ist, oder seine Laune verloren hat, dann ist es gut die Ruhe zurückzuholen, indem man sich auf den Atem konzentriert. Man zählt einfach die Atemzüge, und vergisst den Ärger vollständig. Man konzentriert sich auf das Atmen und zählt ein/aus als „eins, zwei, drei", bis zwanzig.

In dem Augenblick, indem der Geist sich völlig auf den Atem konzentriert, der Atem kommt, der Atem geht, sinken die Leidenschaften. Danach ist es leichter, klar zu denken.

Da alle Handlungen, einschließlich der Meditation, von der Kraft der Intention und Motivation abhängen, ist es wichtig, dass bevor man mit der Meditation beginnt, man eine rechte Motivation kultiviert. Wir befassen uns hier mit einer Praxis, die mit Tantra verbunden ist; daher ist die geeignete Motivation die, zu vermeiden, von Angelegenheiten abgelenkt zu sein, die sich alleine auf die Perfektion und die Freuden des samsarischen Lebens beziehen.

Die rechte Motivation ist das selbstlose Verhalten.

G. Fragen und Antworten

Frage: Ist es möglich direkt zu gehen, einfach mit der reinen Meditation auf den Geist, ohne die Komplexität der Trittsteine von Gottheiten?

Der Dalai Lama: Ein Aspekt des Geistes ist die Natur der Farblosigkeit, Formlosigkeit. Doch sie ist eine Art von Entität, mit der Qualität, die Gegenteile zu reflektieren.
Wir können diese Entität weder halten noch sie uns vorstellen. Gerade so, wie die Form in einem klaren Spiegel reflektiert wird; wenn die Form, die im Spiegel reflektiert wird, weggebracht wird, ist auch ihre Reflexion im Spiegel verschwunden.
Genau so verhält es sich mit dem Geist; er reflektiert das Objekt. Das ist eine Ebene, eine Natur des Geistes.
Für eine solche Meditation ist Hingabe nicht von Nöten. Konzentriert man sich einfach täglich darauf, dann wird sie Fortschritte machen.
Hier jedoch ist unser Gegenstand der Erleuchtungsgeist, eine besondere Art der Selbstlosigkeit, verbunden mit dem Verständnis von Leerheit.
Das bereitet einen auch für das Gottheitenyoga vor. Wenn man einmal eine Initiation erhalten hat, ist die tatsächliche Praxis des Tantrayana die des Gottheitenyoga. Man visualisiert sich selbst als Gottheit, und gründet dadurch das Gottheitenyoga.
Um dieses spontane und nichtvorgetäuschte Yoga zu erreichen, muss man durch den Prozess des vorgetäuschten und künstlich erzeugten Zustandes gehen. Darum hat Buddha im Tantra erklärt, dieses vorgetäuschte und künstlich erzeugte Yoga, ist das Boot, mit dem man den Fluss überquert. Die Zielsetzung, um in das Boot zu kommen, ist nicht nur eben damit zu reisen, sondern man benutzt es, als ein Mittel, zum anderen Ufer zu gelangen.
Wenn man dann das Ufer des spontanen Yoga erreicht hat, lässt man das Künstliche hinter sich.
In diesem Zusammenhang hat einer der Tibetischen Meister gesagt, dass obgleich es früher oder später der Fall sein wird, das man das Boot

verlassen muss, der Zeitpunkt des Verlassens erst ist, wenn man das andere Ufer erreicht hat und nicht schon auf dieser Seite des Ufers.
Ich denke, gemäß der tibetischen Tradition gebrauchen sie begriffliches Denken, wenn sie ohne Gottheitenyoga damit beginnen direkt zu erforschen, wenn sie eine Art direkter Erfahrung von Reinheit und Bewusstheit suchen. Diese Methode hat seine Grenzen.
Der richtige Weg ist, ohne Unruhe des Geistes oder des Grund-Bewusstseins, eine Art Gleichzeitigkeit, eine außergewöhnliche Erfahrung anzuwenden.
Das ist sehr schwierig. Wenn wir es ‚direkter Zugang' nennen, so scheint es sehr leicht und kraftvoll, nicht wahr? Doch die tatsächliche Erfahrung ist recht schwer.
Einigen meiner Freunde, die noch am Leben sind, ist diese Erfahrung gelegentlich zugestoßen. In solchen starken und sehr klaren Momenten erinnert man sich an Ereignisse aus vergangenen Leben; nicht an ein Leben, sondern an hunderte von Leben. Wenn diese Erinnerungen aufsteigen, wird eine Art sehr subtilen Bewusstseins offenkundig. Diese Mensch haben einige flüchtige Momente lang Erfahrungen des subtilsten Geisteszustandes, während denen es möglich ist, sich an Erfahrungen aus vergangenen Leben zu erinnern.
Manchmal geschieht einem ein solcher Zustand nach großer Hingabe, zum Beispiel, nach vielen Jahren des Praktizierens von hunderttausend Niederwerfungen, hunderttausend Mandalas, oder hunderttausend Rezitationen des Hundertsilbenmantras.
Das ist sehr harte Arbeit, eine strenge Praxis. Manchmal aber führt es spontane Erfahrungen herbei.

Frage: Ihre Heiligkeit, ich möchte damit beginnen, was sie früher gesagt haben, dass die Lehren im Buddhismus wie ein Schatz sind, der von Indien nach Tibet gekommen war, und dass Tibet sie bewahrt. Ich glaube, dass wir Inder sehr zu bedauern sind, da wir die Lehren aus unserem Land haben gehen lassen, weil wir den Schatz, den sie darstellten nicht wertschätzten.
Zuerst denke ich, müssen wir bereit genug sein, sie wieder zu empfangen. Ich würde gerne dieses Argument hier anbringen.
Zweitens, sie erwähnten die zwölf verschiedenen Zwischenstadien, Unwissenheit, und den Rest. Wenn der Zeitpunkt von Nirvana

kommt, hört das Leiden vollkommen auf, gibt es keine Geburt mehr. Nur sehr wenige Menschen erlangen diesen Zustand. Aber Menschen wie wir – Millionen von uns, die wir zyklische Existenz erfahren, Haushälter sind und arbeiten – selbst wenn wir versuchen wenigstens einige der Qualitäten zu erlangen, die sie erwähnten, müssen wir mit allen Arten von Menschen und allen Situationen die ganze Zeit zusammen sein; einige von ihnen sind unter Kontrolle, aber die meisten von ihnen sind es nicht. Wie würden sie uns übliche Haushälter führen?

Der Dalai Lama: Ich weiß was sie meinen aus meiner eigenen Erfahrung, und auch aus den Erfahrungen von Freunden, die durch schwierige Umstände hindurchgegangen sind.
Zuerst erwirbt man sich eine Kenntnis der Natur zyklischer Existenz und Nirvana, und die Möglichkeit und Methoden Nirvana zu erlangen.
Man mag nicht in der Lage sein, alle im gegenwärtigen Augenblick durchzuführen. Nehmen sie zum Beispiel meinen eigenen Fall. In meiner Situation ist es schwierig bestimmte Übungen durchzuführen, wie *shamata* Meditation. Für die Übung von *shamata* müssen wir in vollkommener Abgeschiedenheit leben, an einem einsamen Ort, für mindestens einige Jahre. Sonst ist es unmöglich Ergebnisse zu erlangen. Unter den gegenwärtigen Umständen ist es für den Dalai Lama unmöglich auf diese Weise zu praktizieren.
Aber das Wissen oder das Verständnis über die Natur zyklischer Existenz, die Natur menschlichen Lebens, ist eine große Hilfe. Wenn wir unsere eigenen Probleme sehen, oder die der anderen, können wir sie verstehen, als auf der grundlegenden Natur zyklischer Existenz beruhend. Sie werden zu etwas Natürlichem.
Jede menschliche Handlung, ob gut oder schlecht, basiert auf Motivation. Manchmal stehen wir Umständen gegenüber, die uns ärgern oder frustrieren. Aber wenn wir dann einiges Verständnis über die Natur zyklischer Existenz gewonnen haben, werden wir in ähnlichen Umständen in der Lage sein, negative Gedanken zu kontrollieren oder zumindest zu verringern. Als Ergebnis davon, wird unser Geist den Frieden nicht verlieren.
Wenn wir ein reines Verständnis des Pfades haben, des sich tatsächlich

ergebenden Zustandes, und der Methode, die uns dahinführt, dann wird uns dieses Verstehen als Hintergrund dienen, der uns hilft, den tagtäglichen Schwierigkeiten entgegenzutreten, selbst wenn wir die Praxis während unseres täglichen Lebens nicht durchführen können.
Ein Haushälter, hat im Vergleich zu einem Mönch mehr zu arbeiten. Man muss nach seinem Mann oder seiner Frau sehen, oder nach den Kindern. Wenn man Enkelkinder hat, hat man noch mehr Menschen, nach denen man sehen muss.
Hier ist die Motivation äußerst wichtig. Im tatsächlichen Leben muss man manchmal einige harte Worte sagen, oder man muss große Anstrengungen tätigen, um sie zu schützen oder ihnen zu nützen. Das Schlüsselwort heißt hier Motivation. Dieselbe Handlung getan mit ernsthafter guter Motivation ist ernsthaft und gut.
Zum Beispiel sind da zwei Menschen, und ein Feind wird sie verletzen oder töten. Beide begehen eine Gegenhandlung, um sich zu schützen. Beide unternehmen dieselbe Handlung, aber einer davon tut es mit egoistischer Motivation, ohne an Stelle des Feindes zu denken, und dadurch empfindet er dem Feind gegenüber starken Hass. Er unternimmt die Gegenhandlung mit dieser Motivation.
Die andere Person, begeht dieselbe Gegenhandlung, aber mit der Motivation: „Wenn ich dieser Person erlaube mich zu töten, oder was immer er tun will, ist das letztendliche Ergebnis, dass er negatives Karma ansammeln und leiden wird." Zeitweilig mag er zufrieden sein, aber letztendlich wird er leiden, nicht wahr? Wenn wir die Gegenhandlung begehen, um den Feind vor falscher Handlung zu bewahren, dann ist die gleiche Handlung sehr verschieden, dank der Motivation.
Als zum Beispiel die Chinesen in Tibet einmarschierten, versuchten wir sie zu bekämpfen. Die Motivation war, dass wir die Chinesen ernsthaft als Menschen respektieren, die wie wir Freude wünschen und nicht Leiden; aber wir nehmen auch Handlungen auf uns, uns selbst zu schützen, damit wir die Chinesen daran hindern falsch zu handeln, ohne dabei ihnen gegenüber Respekt und Mitgefühl in Gedanken zu verlieren.

Frage: In der Diskussion über den höheren Zustand des Bewusstseins, wie er im größeren Fahrzeug aufgezeigt ist, ist die Rede von relativer und letztendlicher Wahrheit.

Das sind nicht wirklich zwei verschiedene Dinge, oder?

Der Dalai Lama: Die zwei Wahrheiten sind eine Erklärung über ein Objekt, von zwei unterschiedlichen Winkeln aus betrachtet. Da die zwei Wahrheiten auf der Grundlage von einem Objekt erklärt sind, sind sie tatsächlich von einer Entität, aber sie werden auch als sich gegenseitig ausschließend betrachtet.

Nehmen wir als Beispiel eine Person, die sehr gelehrt ist, sehr fähig, aber auch sehr listig. Wir wollen diese Person gemäß ihren Fähigkeiten einsetzen, aber diese Person ist nicht vertrauenswürdig. Von diesem Gesichtspunkt aus müssen wir andere Maßstäbe anlegen, um vorsichtig zu sein. Obgleich wir uns mit derselben Person befassen, sehen wir uns einem Widerspruch gegenüber, ihre zwei Aspekte; einer ist sehr negativ, der andere sehr positiv.

In unserem Fall haben wir keinen positiven und negativen Aspekt, aber es gibt eine Ähnlichkeit darin, wie die zwei Wahrheiten in einem Objekt manifest sind.

Nimmt man diese Blume zum Beispiel. Sie hat eine relative Ebene der Existenz, wo sich alle Gewohnheiten auswirken, wie Farbe und Geruch. Dann gibt es eine tiefere, letztendliche Wahrheit.

Das ist, als ob man von zwei Seiten auf ein Objekt sieht. Wegen des abhängigen Erscheinens, mangelt es den Phänomenen an inhärenter Existenz. Da es Phänomenen an inhärenter, wahrer Existenz mangelt, weil sie abhängig entstehen, sind sie auch tief miteinander verbunden. Selbst das Verständnis der beiden ist miteinander verbunden.

Die Teilung in zwei Fahrzeuge von Mahayana und Hinayana, wurde auf der Grundlage der Tiefe der Motivation durchgeführt. Da die Motivation im Mahayana umfassender ist, wird erklärt, dass auch der sich ergebende Zustand umfassender ist.

Es gibt einige Texte, in denen es heißt, dass fühlende Wesen auf der gewöhnlichen Ebene verschiedenen Entitäten hätten, dass sie verschiedene Wesen seien, doch wenn sie letztendlich erleuchtet sind, werden sie alle eins, absorbiert in einem Weisheitsozean. Wasser, das von verschiedenen Flüssen kommt, hat verschiedene Farben, Geschmäcker und Geschwindigkeiten; wenn sie aber mit dem letzten Ozean verschmelzen, verlieren sie ihre Identität und werden von einem Geschmack und einer Farbe.

Das bedeut nicht, dass wenn eine Person Buddhaschaft erlangt, ihre eigene persönliche Identität nicht mehr vorhanden wäre. So ist es nicht. Sie erreicht die selbe Art von Stand oder Stellung, und das „Ich" oder individuelle Selbst ist immer noch da.

Frage: Ihre Heiligkeit, als Sie über die Schrift mit den vielen Versen gesprochen haben, die kürzeste mit dem Buchstaben *Ah*, was negativ bedeutet, bedeutet das, dass in der gesamten Philosophie zuerst das Negative kommt, und aus diesem erheben sich die verschiedenen Arten dialektischer Positionen?

Der Dalai Lama: Als ich sagte, dass *Ah* tatsächlich die Leerheit erklärt, so wollte ich nicht sagen, dass Leerheit sehr heilig sei, sondern vielmehr, dass dieser Buchstabe *Ah* sehr heilig ist.
Leerheit ist zufällig ein Phänomen, das negativ ist. Negatives Phänomen bedeutet hier, dass wenn wir es wahrnehmen oder erkennen, tun wir es indem wir seinen gegenteiligen Faktor ausdrücklich verneinen. Diese Art Phänomen ist unter dem Begriff negatives Phänomen bekannt.
Zum Beispiel, lassen sie uns über die Abwesenheit des Elefanten reden. Um die Abwesenheit des Elefanten erkennen zu können, müssen wir zuerst herausbekommen, was zu verneinen ist, der Elefant nämlich. Indem wir dann die Existenz des Elefanten ausdrücklich verneinen, erkennen wir die Abwesenheit des Elefanten.
Phänomene werden in zwei Gruppen eingeteilt: negative und bejahende. Negative Phänomene sind wieder unterteilt in zwei: bloße Verneinung des gegenteiligen Faktors, was als nichtbejahend-negativ bekannt ist; und bejahende negative Phänomene.
Zum Beispiel, ist diese Blume eine Rose oder eine Tulpe? Das ist keine Tulpe. Obgleich das eine negative Behauptung ist, bejaht es etwas. Es legt etwas stillschweigend nahe, wohingegen im Falle der Abwesenheit eines Elefanten, abgesehen von der Verneinung der Gegenwart eines Elefanten, nichts bejaht oder stillschweigend nahelegt wird.
Ebenso ist Leerheit ein negatives Phänomen, die bloße Abwesenheit oder bloße Verneinung inhärenter wahrer Existenz. Die Silbe *Ah* ist ein Begriff der Verneinung.
Man kann auch sagen, dass weil Dinge Mangel an inhärenter oder

wahrer Existenz haben, werden Funktionen wie Ursache und Wirkung möglich. Darum kann man sagen, dass herkömmliche Realität aus der Natur der Leerheit erscheint.

Der Bodhisattva Manjushri

5

WEISHEIT ENTDECKEN

A. Motivation

Die beste Art der Motivation ist *bodhicitta*, die Intension, Erleuchtung zum Nutzen aller fühlenden Wesen zu erlangen. Die zweitbeste Motivation ist, dass wir zumindest das Streben haben sollten Befreiung zu erlangen. Die dritte Art von Motivation ist, frei sein zu wollen von der Anhaftung an die Dinge dieses Lebens, und stattdessen Freude in allen zukünftigen Lebenszeiten anzustreben.

Um die geeignete oder rechte Motivation zu kultivieren, denke man darüber nach, dass dieses Leben, welches wir so hoch halten, sehr schnell vergeht. Wenn es etwas Dauerhaftes wäre, etwas immer Währendes, dann wäre es wert, hoch gehalten zu werden. Aber unsere Lebenszeit ist auf ein Maximum von einhundert Jahren begrenzt, in einigen seltenen Fällen einhundertzwanzig, einhundertdreißig. Es ist für einen gewöhnlichen Menschen nicht möglich, darüber hinaus zu gehen. Bedenken sie immer die Veränderlichkeit.

Es ist eine bekannte Tatsache, dass wenn sich das Phänomen Tod ereignet, können Dinge wie Wohlstand, Berühmtheit und Kraft, die wir in diesem Leben angesammelt haben, nicht helfen.

Leben selbst ist ein Phänomen, welches von Sekunde zu Sekunde wechselt. Wenn jemand gänzlich ablehnt für zukünftige Leben zu sorgen, und zu sehr in Anspruch genommen ist, von den Belangen nur dieses Lebens, greift er in seinem Eifer, eine gute Zeit zu erleben, zu sehr, oder hat ein zu großes Anhaften. Am Ende wird er viel mehr Problemen gegenüberstehen.

Gleich von Anfang an sollte unser Verhalten diesem Leben gegenüber ausgeglichen sein, und wir sollten ein einigermaßen entspanntes Verhalten widerspiegeln. Wenn dann die Dinge schwierig werden, wird die Tiefe geistiger Störung begrenzt bleiben.

Manchmal ist es sehr hilfreich, Biographien der Menschen zu lesen, die mehr Erfahrung vom Leben haben als wir selbst. Wir sollten die Tatsache überdenken, dass wenn die Leute zu sehr mit den Dingen dieses Lebens beschäftigt sind, sie mehr widrigen Umstände gegenüberstehen. Andererseits, wenn Leute eine rationale und eher realistische Annäherung an das Leben einnehmen, haben sie weniger Durcheinander und Schwierigkeiten.

Dann gibt es da die Frage, ob es ein nächstes Leben gibt oder nicht. Das ist ein springender Punkt. Es gibt sogar heute noch Menschen, die sehr klare Erinnerungen an ihre früheren Leben haben. Die praktische Voraussetzung, die vergangene und zukünftige Leben schafft, ist die Tatsache der unterschiedlichen Ursachen von Geist und Materie.

Beide, Geist und Materie hängen von ihren Ursachen und Umständen ab; das ist durch die Tatsache bewiesen, dass sie Gegenstände der Veränderung sind.

Es gibt zwei Arten von Ursachen: materielle Ursachen und mitwirkende Ursachen. Genau wie Materie materielle Ursachen erfordert, die ihre identische, ununterbrochene Fortdauer haben, die Materie nämlich, so wird Bewusstsein, durch einen früheren Moment des Bewusstseins geschaffen, die Fortdauer dessen, was von einer materiellen Ursache erzeugt wurde, die ein früherer Moment davon ist.

B. *Bewusstsein*

Bewusstsein ist gewöhnlich in zwei geteilt: Sensorisches Bewusstsein und geistiges Bewusstsein. Das Erscheinen von sensorischem Bewusstsein, wie Augen-Bewusstsein, hängt von bestimmten Umständen ab, eingeschlossen der objektive Umstand und der innere Umstand, welcher der ermächtigende Umstand ist.

Auf der Grundlage dieser zwei Bedingungen, benötigt das Augen-Bewusstsein ebenfalls einen anderen Faktor, den vorhergehenden Moment des Bewusstseins selbst.

Lasst uns über die Grundlage dieser Blume sprechen, und über das Augen-Bewusstsein, welches sie sieht.

Die Aufgabe des objektiven Umstandes, welcher die Blume ist, ist die, dass sie das Augen-Bewusstsein schaffen kann, welches den Aspekt einer Blume hat.

Die *Vaibhashika*-Schule, eine der Buddhistischen Schulen, akzeptiert die Theorie des Aspektes nicht. Sie sagen, dieses Augen-Bewusstsein habe direkten Kontakt mit dem Objekt selbst. Das ist sehr schwer zu akzeptieren. Der Standpunkt der anderen Schulen, wie der *Sautrantika*, ist, dass Dinge Aspekte besitzen, mit denen das Bewusstsein das Objekt wahrnimmt.

Die Theorie, gegründet durch moderne Wissenschaftler, die den Aspekt des Objektes akzeptieren, durch die es vom Bewusstsein wahrgenommen wird, scheint diesen logischeren Hintergrund zu teilen.

Dieses Augen-Bewusstsein nimmt eine Form wahr und keinen Klang; das ist die Prägung des Sinnesorgans von dem es abhängt.

Solch ein Augen-Bewusstsein ist ebenfalls das Produkt des wahrgenommenen Momentes des Bewusstseins, welchen es verursacht.

Obgleich wir über Zustände reden, indem grobe Ebenen des Geistes aufgelöst sind, behält das subtile Bewusstsein immer seine Fortdauer. Wenn einer der Umstände, wie der wahrgenommene Moment des Bewusstseins, nicht vollständig ist, dann, werden sie nicht in der Lage sein, das Augen-Bewusstsein zu schaffen, welches sieht, selbst wenn das Sinnesorgan und das Objekt sich treffen.

Geistiges Bewusstsein ist sehr anders, und die Art, wie das sensorische und geistige Bewusstsein ein Objekt wahrnehmen, ist auch einmalig. Weil sensorisches Bewusstsein nicht-begrifflich ist, nimmt es alle Qualitäten war, all die Attribute des Objektes gemeinsam.

Wenn wir aber im Allgemeinen über geistiges Bewusstsein sprechen, ist es hauptsächlich begrifflich. Es nimmt ein Objekt durch ein Bild wahr. Es erfasst ein Objekt, indem es das ausschließt, was es nicht ist.

Mann muss wirklich tief über die Frage nachdenken, ob Bewusstsein geschaffen oder hervorgebracht wird von chemischen Teilchen des Gehirnmechanismusses. In jüngsten Jahren habe ich Wissenschaftler auf dem Gebiet sowohl der Nuklearphysik, als auch der Neurologie und Psychologie getroffen. Sehr interessant. Wir müssen bestimmte Dinge von ihren Experimenten lernen, von ihren letzten Entdeckungen. Sie scheinen ein lebhaftes Interesse zu haben mehr über die Buddhistischen Erklärungen, über das Bewusstsein und den Geist zu erfahren. Ich habe dieses Thema mit vielen Menschen erörtert, jedoch nie eine zufriedenstellende Antwort bekommen. Wenn wir an der Position festhalten, dass das Bewusstsein nichts anderes ist, als ein Produkt der Wechselwirkung von Teilchen innerhalb des Gehirns, dann müssen wir auch sagen, dass jedes Bewusstsein von Teilchen im Gehirn erzeugt wird. In dem Fall zieht man die mögliche Konzequenz bezüglich dieser Rose:

Eine Person mag die Sicht haben, dass dies eine Plastikrose sei; sie hat ein irriges Bewusstsein. Später mag sie dazu neigen zu zweifeln, indem sie denkt, es könnte vielleicht keine Plastikrose sein; so dreht sich nun das irregeführte Bewusstsein in einen schwankenden Zweifel hinein. Und dann vermutet sie, dass es eine echte Blume ist; das ist immer noch lediglich eine Vermutung. Dann endlich, durch einige Umstände wie die Blume berühren oder an ihr riechen, entdeckt sie, dass es eine echte Rose ist.

Während all dieser Etappen, hat sie ein Bewusstsein auf ein einziges Objekt gelenkt, hat aber folgende unterschiedliche Etappen des Bewusstseins durchschritten: von der irrigen Sicht zum Zweifel, zur Vermutung, zur gültigen Erkenntnis, zur gültigen Wahrnehmung. Es ist klar, dass sie verschiedene Arten von Bewusstseinszuständen erfährt. Doch wie erklärt man den Wechsel in den chemischen Teilchen während dieser Etappen?

Um ein weiteres Beispiel zu gebrauchen: Wir sehen eine Person und denken sie ist unser Freund. Doch diese Person ist nicht unser Freund. Wir haben sie missverstanden. Dann hat sich das Bewusstsein wieder getäuscht. Als wir die Person sahen, hatten wir ein irriges Bewusstsein, doch in dem Moment, als uns jemand gesagt hat, dass diese Person nicht unser Freund sei, verursachte es einen Wechsel von dieser falschen Wahrnehmung der Person in eine gültige Wahrnehmung.

Da steigt die Frage über die Wahrnehmungen großer Meditierender auf. Wenn ein Praktizierender in einen tiefen Meditationszustand eintritt, hören die Atmung und der Herzschlag auf. Einige meiner Freunde, die diese Dinge praktizieren, verbleiben für geraume Zeit ohne Herzschlag und ohne zu atmen. Wenn jemand in einem solchen Zustand einige Stunden lang verbleibt, was ist dann die Funktion des Gehirns während dieser Zeit?

Auf der Grundlage all dessen, versuche ich zu argumentieren, dass da ein Phänomen existiert, Bewusstsein genannt, das seine eigene Entität hat, getrennt von den Gehirnzellen. Die grobe Ebene des Bewusstsein ist eng verbunden mit dem physischen Körper, aber natürlich auch verbunden mit dem Gehirn. Bewusstsein von seiner eigenen Natur, ist etwas Klares. Das subtilere Bewusstsein wird unabhängiger von physikalischen Teilchen.

Deshalb hören die physikalischen Abläufe eines Meditierenden auf, wenn er einen sehr tiefen Bewusstseinszustand erreicht, und dennoch verbleibt das Bewusstsein. In diesem Moment, da die physikalischen Abläufe aufgehört haben, gibt es die grobe Ebene des Bewusstseins nicht mehr, aber die subtile Ebene des Bewusstseins wird äußerst offensichtlich.

Es gibt verschiedene Arten von Bewusstsein: Jene, während des Laufens, während des Träumens, während des Tiefschlafes und dann während des Zustandes der Unbewusstheit, zum Beispiel während einer Ohnmacht.

In Übereinstimmung mit dem höchsten Yoga Tantra, wird der tatsächliche Sterbeprozess durch die acht Auflösungsprozesse eingeleitet. Es gibt die Auflösung der Elemente: der Erde, des Wassers, des Feuers, des Windes und des Raumes. Und dann gehen wir durch Prozesse, die als weiße Erscheinung, rotes Zunehmen, schwarzes Fast-Erreichen und als das klare Licht des Todes bekannt sind.

Einige Personen erfahren diese Auflösungen bis zu einem gewissen Grad (des Todes) und kommen dann zurück. Ich habe einige Menschen getroffen, die das erfahren haben, und fasziniert waren von diesen ungewöhnlichen Ereignissen. Sie kamen und baten mich um eine Erklärung. Ich glaube, in Übereinstimmung mit dem höchsten buddhistischen Tantra, scheinen sie eine bestimmte tiefe Ebene des Bewusstseins erfahren zu haben, und sind dann zurückgekommen.

Nach der Erfahrung des klaren Lichts des Todes, wenn das Wesen im Begriff ist eine Geburt in einem Bereich anzunehmen, in dem es ein Zwischenstadium oder *bardo* gibt, geht es durch dieses Zwischenstadium. Wenn das Wesen zum Beispiel Wiedergeburt als Mensch annimmt, erfährt es den Zwischenzustand, bevor das Bewusstsein in den Bauch eintritt. So beginnt und endet der Lebensprozess mit der Erfahrung des klaren Lichtes.

Wenn wir die Folge des Bewusstseins nicht akzeptieren, taucht die Frage nach der Evolution der Welt selbst auf. Wenn wir die Urknall Theorie akzeptieren, was war dann die Ursache für den Urknall?

Wenn wir an dem Standpunkt festhalten, und sagen, Dinge könnten ohne Ursache entstehen, dann werden wir eine Menge logischer Widersprüche entdecken. Doch andererseits, wenn wir die Theorie eines Schöpfers akzeptieren, werden auch hier eine Menge logische Widersprüche auftauchen.

Die buddhistische Sichtweise diesbezüglich ist, dass es fühlende Wesen gibt, die an der Umgebung oder der natürlichen Gewohnheit teilnehmen, und das Universum entfaltet sich. Wir akzeptieren anfangslose Folge von Bewusstsein.

Obgleich ein solcher Standpunkt weniger Fragen aufwirft, tauchen dennoch einige Fragen auf. Warum gibt es zum Beispiel keinen Anfang und kein Ende von subtilem Bewusstsein? In der Erleuchtung, oder Buddhaschaft existiert immer noch subtiles Bewusstsein, ohne Ende.

Der entscheidende Grund, an die Existenz der Wiedergeburt denken zu lassen ist, dass das Bewusstsein materielle Ursachen benötigt, einen früheren Moment des Bewusstseins. Wenn wir nach der Kontinuität des Bewusstseins in diesem Leben weitersuchen, wie zur Zeit der Empfängnis, dann kann diese Kontinuität zurückgeführt werden auf das frühere Leben. Durch die Ausdehnung gibt es keinen Grund, weshalb die Kontinuität des Bewusstseins im letzten Moment dieses Lebens mit dem Augenblick des Todes enden sollte.

Darum müssen wir uns Sorgen machen über unser zukünftiges Leben. Ob wir gute oder unvorteilhafte zukünftige Wiedergeburten haben werden, hängt von unseren Handlungen in diesem Leben ab. Darum, während wir uns selbst geschäftig in die Dinge dieses Lebens einlassen, sollten wir es nicht vernachlässigen, über die Zukunft nachzudenken.

C. Unwissenheit: Greifen nach einem unabhängigen Selbst

Es mag viele unterschiedliche Ursachen für unser Leiden geben, doch die maßgebende ist Anhaftung und Begierde. Aus diesem Grund ist Begierde in den zwölf Gliedern des abhängigen Entstehens sehr stark betont, wo es gleich zwei Glieder besetzt; das achte und das neunte.

Begierde hat ihre Wurzeln in der Unwissenheit. Es gibt viele unterschiedliche Arten von Unwissenheit, doch die, über die wir hier sprechen, ist die Unwissenheit, welche die Natur der Wirklichkeit falsch versteht.

Egal wie kraftvoll unser unwissender Geist erscheint, er hat kein gültiges Fundament.

Die Unwissenheit, mit der wir es hier zu tun haben, hat zwei Teile: das selbst-greifende Verhalten, auf die Person fokussiert; und das selbst-greifende Verhalten auf ein Objekt fokussiert.

Innerhalb des Kontextes von Leiden und Freude, sind alle Phänomene zweigeteilt: Das Instrument, oder das was Leiden verursacht; und derjenige, der daran Teil hat, oder leidet.

Nachdem die Phänomene in Zwei geteilt sind – das Wesen und das äußere Phänomen – erklären wir das selbst-greifende Verhalten, fokussiert auf eine Person, als eine Unwissenheit, die nach der vermuteten wahren Existenz der äußeren Person greift. Das selbst-greifende Verhalten, fokussiert auf Objekte, ist die Unwissenheit, die nach der angenommenen wahren Existenz äußerer Phänomene greift.

Hier können wir uns nun testen. Wenn wir uns auf freudige Erinnerungen besinnen, oder an eine sehr besorgte Zeit, wenn wir durch schwankende Zustände des Geistes gehen, wie zu denken: „Ich hatte zu der Zeit große Freude," oder „ich hatte eine solch harte Zeit," dann sollten wir uns selbst fragen, „was ist dieses „Ich", dieses Selbst, dass ich so lebhaft empfinde?"

Denke darüber nach, ob du dieses „Ich" mit deinem Körper oder mit deinem Bewusstsein identifizierst.

Wenn wir uns von dem buddhistischen Standpunkt aus an dieses starke Gefühl in unserem Leben erinnern, wenn wir einen sehr lebhaften Eindruck haben, oder ein Gefühl von diesem „Ich", dass durch solche Erfahrungen gegangen ist, dann erscheint uns an diesem Punkt das „Ich" wie der Meister und unsere Aggregate wie Körper und Geist, wie die Diener. Das „Ich" scheint sie angestellt zu haben. Solch ein unabhängiges „Ich", das wie ein Meister handelt, existiert nicht.

Buddhisten legen die Theorie der Selbstlosigkeit dar. Das bedeutet nicht, dass die Buddhisten die Existenz des herkömmlichen Selbst, oder „Ich" verneinen. Da existiert ein Selbst, das Handlungen ansammelt, das die Konsequenzen erlebt. Aber Buddhisten verneinen die irregeführte Vorstellung eines unabhängigen Selbsts.

Genauso, wenn wir die Aggregate – sie umfassen Form, Gefühl, Erkenntnisvermögen, oder Wahrnehmung, Wille und Bewusstsein – logisch analysieren, finden wir ihre Essenz nicht. Wenn wir sagen: „mein Körper", ist das wieder eine Art Kombination von Kopf, Armen, Beinen und Torso. All das nennen wir Körper.

Wenn wir dann analysieren, ob Kopf, Arme, Beine oder Torso unser Körper sind, begreifen wir, dass sie nicht unser Körper sind, sondern

dass sie Teile einer Entität sind, die als Körper bekannt ist.
Ebenso, ist eine Hand die Sammlung solcher Dinge, wie die unterschiedlichen Finger. Doch wenn wir weiterhin diese Finger oder die Hand analysieren, können wir in ihnen keine Essenz finden.
So verhält es sich bis hin zu den kleinsten Teilchen. Wenn wir die subatomaren Ebenen erreichen, wo wir die Teilchen physikalisch nicht teilen können, behalten sie immer noch die Identität der Form bei, und haben gerichtete Teile.
Lassen sie uns auf diese Weise über solche Phänomene wie Bewusstsein sprechen, die keine Form haben. Sie haben keine gerichteten Teile, aber sie haben Fälle von Momenten. Wenn wir sagen, „mein Gedanken von heute", ist das ein ganzes Konzept, etikettiert, auf Grund der Sammlung von Bewusstseinsfolgen, die wir während der vierundzwanzig Stunden des Tages erfahren. Wir entdecken, dass selbst das Konzept des Geistes vorausgesetzt oder etikettiert ist, auf Grund der Sammlung vieler unterschiedlicher Beispiele.
Wenn wir ein Ding betrachten, wie „meinen eigenen Geis", erscheint es unserem Bewusstsein oberflächlich gesehen, als eine Art solidem oder unabhängig existierendem Geist; genau wie wenn wir über das Konzept von „Ich" nachdenken, dann erscheint uns ein sehr selbstsüchtiges, abhängiges ‚Ich' wie ein Meister. Ebenso, wenn wir äußere Phänomene betrachten, auch dann scheint es, dass sie eine Art unabhängiger Existenz aus sich selbst heraus haben. Aber dem ist nicht so. Nehmen wir das Beispiel einer Regierung. Wir können sagen „die Regierung sagt", „die Regierung denkt". Doch wenn wir fragen, ob die Regierung einen Mund oder eine Zunge hat, bekommen wir ein unbehagliches Gefühl.
Lassen sie uns ein anderes Konzept betrachten, das des Schneiders. Wir sehen, dass die Handlung des Schneiderns aus der Tätigkeit des Schneiderns kommt. Wie könnte das Konzept Schneider ohne diese Handlung aufkommen; und wie könnten wir ohne Schneider über das Nähen sprechen? Wir entdecken, dass diese beiden voneinander abhängig sind.
So ist es mit allen Dingen. Wenn wir sie analysieren, finden wir nichts. Wir müssen die Dinge einfach so belassen wie sie sind, akzeptieren nach ihrem Nennwert.
Nehmen wir zum Beispiel die Leerheit. Es gibt die Leerheit als Funk-

tion, und darum muss es irgendeine Grundlage geben, welche diese Funktion erlaubt.

Und wieder, wenn wir untersuchen, was Leerheit ist, können wir in etwa sagen, dass es die Abwesenheit von unabhängiger Existenz ist. Wenn wir dann ins Detail gehen, diese Leerheit, jene Leerheit, selbst Leerheit als letztendliche Realität, wenn wir dem selben Prozess folgen, und nach der Essenz der Leerheit suchen, können wir sie nicht finden.

Wir entdecken, dass Leerheit sehr von der Art und Weise abhängt, wie sie bedingt ist, von dem Objekt, durch das sie bedingt ist. Was ist darum die Bedeutung von abhängigen Entstehen? Es wird endlich zu dem Punkt zurückverfolgt, an dem wir sagen, dass es lediglich die Erzeugung des begrifflichen Geistes ist. Wie wird es vom begrifflichen Geist erzeugt? Und wieder folgen eine Menge Fragen.

Darum sagen Buddhisten, wenn wir analytisch suchen, gibt es keine Antwort. Das ist kein Hinweis darauf, dass die Dinge nicht existieren, sondern ein Hinweis darauf, dass die Art und Weise wie sie existieren relativ ist. Sie existieren abhängig von anderen Faktoren.

Wenn wir durch Hass oder Begierde einen negativen Geisteszustand erfahren, ist das auf Grund unserer Konzepte: gut oder schlecht. Dann wiederum werden wir entdecken, dass unsere Konzepte von gut oder schlecht sehr verschmutzt sind von einer das Objekt überlagerten bestimmten Gutheit oder Schlechtheit, was wiederum dadurch verursacht ist, dass wir etwas für wahrhaft gut und wahrhaft schlecht halten.

Buddhisten sagen, dass all diese negativen Geisteszustände ihre Wurzeln in der Unwissenheit haben, die nach der wahren Existenz von Phänomenen greift.

Die Weisheit – die erkennt, dass die Dinge, die nicht inhärent, nicht unabhängig aus sich selbst heraus, existieren – dient direkt als entgegengesetzter Faktor, um die Missverständnisse zu entfernen, die wir vom Greifen nach Dingen haben, als seinen sie wahrhaft existent.

So beschließen wir, dass das selbst-greifende Verhalten ein Geisteszustand ist, der beseitigt werden kann.

Nachdem wir über die Leerheit wahrer Existenz, von sich selbst als Person und von Dingen, meditiert und reflektiert haben, sollten wir in eine Menschenmenge gehen und sie ruhig beobachten. Wir können

immer noch erkennen wer die Leute sind, aber die Art wie wir sie wahrnehmen, hat sich subtil verändert.
Wenn wir durch die Beschäftigung mit dem richtigen entgegengesetzten Faktor die Unwissenheit entfernen können, die nach wahrer Existenz aller Dinge greift, dann werden wir tatsächliche Befreiung, Nirvana, erlangen.
Da wir das Potential haben, Nirvana zu erlangen, Befreiung zu finden von dieser zyklischen Existenz, sollten wir die starke Intension entwickeln, aus unserer Situation Nutzen zu ziehen.

D. Visualisation der Zufluchtsobjekte

Der nächste Teil erklärt, wie wichtig es ist, die Absicht Erleuchtung zu erlangen, nicht auf uns selbst zu beschränken, sondern auf alle fühlenden Wesen auszudehnen. Ausgestattet mit dieser Motivation, befassen wir uns mit dieser Praxis der Zufluchtnahme. Das heißt, wir nehmen Zuflucht zu Buddha, Dharma und Sangha. Dafür versammeln wir alle fühlenden Wesen um uns.
Die Visualisation dieser Praxis ist folgende:
Im Raum, etwa ein Meter vor uns, auf der Ebene unserer Augen, sollten die Zufluchtsobjekte in der Natur von Licht visualisiert werden. Wenn wir die Gottheiten als hell strahlendes Licht visualisieren, wird es helfen geistiges Sinken oder Müdigkeit zu beseitigen. Andererseits, wenn wir die Gottheiten als etwas schweres solides visualisieren, wird es uns helfen, geistige Aufregung zu verringern, die uns sonst stören würde.
Zur Rechten Buddhas visualisieren wir den Boddhisattva Avalokiteshvara, in weißer Farbe, was Reinheit symbolisiert.
Manjushri zu Buddhas Linken, in gelber Farbe. Gelb symbolisiert Wachstum. Manjushri ist die Verkörperung von zunehmender Weisheit.
Über Avalokiteshvara zu meditieren wird die Kraft des Mitgefühls vermehren; und die Meditation über Manjushri, wird die Kraft der Weisheit vermehren.
Dann visualisieren wir Vajrapani vor dem Buddha. Vajrapani hat leicht zornvolle Merkmale. Wenn du Hinweise auf mysteriöse oder unsichtbare Hindernisse hast, dann wird die Rezitation des Mantra

von Vajrapani helfen sie zu überwinden.

Schließlich visualisieren wir Arya Tara hinter dem Buddha. Die Praxis der Langlebigkeit wird hauptsächlich auf der Grundlage der Meditation über Tara ausgeführt.

Eine Empfehlung, wie man die fühlenden Wesen visualisieren soll, ist folgende: Auf unserer rechten Seite visualisieren wir die männlichen Verwandten, beginnend mit dem Vater, und auf unserer linken Seite die weiblichen Verwandten, beginnend mit der Mutter. Hinter uns befinden sich alle anderen fühlende Wesen, mit Ausnahme unserer Feinde; sie sind vor uns. Wir visualisieren all diese unterschiedlichen fühlenden Wesen in dem Aspekt von Menschen, wie sie die Leiden ihrer verschiedenartigen Wiedergeburten aktiv erleben.

Bedenken sie die Tatsache, dass genau wie wir unbedingt Freude wünschen und Leiden vermeiden wollen, haben die anderen Wesen denselben natürlichen Hang, Freude und nicht Leiden zu begehren. Besonders wenn es Wesen gibt, die man als Feinde betrachtet, oder die man verdächtigt, dass sie einem Übles wünschen, oder Menschen, die einen irritieren, oder ein Gefühl von Unbehagen vermitteln, wenn man sie sieht, visualisiert man bewusst vor sich und denkt, ihre Natur als fühlende Wesen ist wie meine. Er oder sie will Freude, nicht Leiden.

In dieser Beziehung haben wir dieselbe Natur, denselben Stand. Es hat keinen Zweck wütend auf sie zu sein, oder schlechte Gefühle ihnen gegenüber zu haben. Wenn wir ein negatives Verhalten entwickeln, ein negatives Gefühl, wird es sie nicht verletzen. Wir verlieren nur unseren eigenen Geistesfrieden. Wenn unsere negativen Gefühle die anderen verletzen würden, wäre es der Mühe wert. Doch das ist nicht der Fall.

Wenn zum Beispiel ich, der Dalai Lama als Tibeter negative Gefühle gegen die Chinesen hätte, würde ihnen nichts geschehen. Sie würden entspannt bleiben, oder nicht? Doch ich würde mein eigenes kleines Stück Geistesfrieden verlieren. Schlechte Gefühle gegenüber anderen sind tatsächlich selbstzerstörerisch.

Deswegen wird der Feind bewusst vor einem visualisiert.

Auf diese Weise meditierend, rezitiert man diese heiligen Worte einundzwanzig mal, oder so oft man kann: *Namo buddhaya, namo dharmaya, namo sanghaya.*

Wenn man den Wunsch und die Zeit hat, kann man die folgende Praxis ausführen. Während man die Zufluchtsformel mit einer Motivation von Mitgefühl und mit innerer Überzeugung rezitiert, visualisiert man, dass Lichtstrahlen von den Zufluchtsobjekten ausströmen und in den eigenen Körper und in den der fühlenden Wesen um einen herum eintreten.

Man visualisiert, dass alle negativen Verhaltensweisen wie Begierde, Unwissenheit und Ärger, in einem selbst und den anderen fühlenden Wesen von diesen Wogen der Lichtstrahlen befriedet sind.

E. Den Erleuchtungsgeist zu erzeugen

Um den Erleuchtungsgeist zu erzeugen, bedenken wir die Tatsache, dass alle anderen Wesen, genau wie wir, den gleichen natürlichen Hang haben, Freude zu begehren und Leiden vermeiden zu wollen. Der einzige Unterschied ist, dass ich eine Einzelperson bin, wohingegen die anderen grenzenlos an Zahl sind. Mit anderen Worten, man selbst ist in der Minderheit; die anderen sind in der Mehrheit.

Und wieder bedenkt man, dass so wie ich Freude wünsche, so wünschen auch sie Freude; ich möchte nicht leiden, und sie wollen auch nicht leiden; und bedenkt, dass eine klare Beziehung zwischen ihnen und mir besteht. Wir hängen von anderen ab; ohne die anderen können wir keine Freude gewinnen; nicht in der Vergangenheit, nicht in der Gegenwart und nicht in der Zukunft.

Wenn wir uns mehr über den Nutzen für andere und deren Wohlergehen Gedanken machen, werden schließlich wir selbst den Nutzen ernten.

Denkt man nach diesen Prinzipien, entdeckt man beim Vergleich „wir" und „andere", dass die anderen wichtiger sind. Wir kommen zu dem Schluss, dass unser Schicksal lediglich die Frage *einer* Person ist. Ist es der Fall, das man Leiden erleben muss, um Freude für die unendliche Anzahl anderer zu bewirken, dann ist es wirklich der Mühe wert zu leiden. Andererseits, wenn andere leiden müssen, damit ein *Einzelner* Freude erlangt, dann stimmt etwas in den Perspektiven nicht.

Um sich der Praxis zur Kultivierung des Erleuchtungsgeistes anzunähern, das Streben, Erleuchtung zu erlangen, zum Wohle aller fühlenden Wesen, müssen wir zuerst Gleichmut erlangen. Gleichmut in diesem Kontext bedeutet, einen gelassenen Geisteszustand allen fühlenden Wesen gegenüber zu kultivieren, einen, der nicht beeinflusst ist, von Begehren nach Freunden und Hass gegenüber Feinden, oder gleichgültig gegenüber neutralen Menschen. Wir suchen einen gelassenen Geisteszustand gegenüber allen fühlenden Wesen.

Hier ist es nützlich, drei Menschen vor sich zu visualisieren: Einen neutralen, einen seiner engsten Freunde, und einen seiner schlimmsten Feinde. Dann lässt man seine Gefühle reagieren. Für jeden der drei Menschen wird man ein anderes Gefühl haben. Warum?

Diese Person hat mir etwas Gutes getan, so sehe ich sie als meinen Freund. Doch gibt es hier eine Garantie, dass sie immer ein guter Freund sein wird? Selbst in diesem Leben? Nicht so sicher! Selbst in diesem Leben gab es enge Freundschaften, die jetzt gerade mal solala sind. Diese Wechsel geschehen sehr leicht. Das ist Realität.

Darum gibt es keinen Grund, eine solch tiefe Anhaftung zu empfinden. Sich nahe fühlen ist gut, aber blind anzuhaften ist nicht gut.

Dann gibt es die Seite des Feindes. Heute handelt er als Feind, aber wieder ist es nicht sicher für wie lange.

So zu denken, wird ihre Gefühle auf natürliche Weise ausgleichen. Ja, dies ist ein guter Freund und das ist ein böser Feind, nun gut; aber haben sie kein unausgeglichenes geistiges Verhalten. Das ist der erste Schritt.

Als nächstes müssen wir über das Erkennen kontemplieren, dass alle fühlenden Wesen in der einen oder anderen Lebenszeit meine Mutter gewesen sind.

Im Allgemeinen gibt es vier Arten von Geburt: Geburt aus dem Bauch, aus dem Ei, aus der Hitze und wunderbare Geburt.

Bei der Geburt aus dem Bauch und dem Ei, benötigen wir eine Mutter. Heute zum Beispiel, konnte ich fühlen, obgleich meine Mutter dieser Lebenszeit vor einigen Jahren gestorben ist, dass zur einen oder anderen Zeit jeder von Ihnen meine Mutter gewesen ist.

Auf dieser Grundlage, sollten wir über die Freundlichkeit nachdenken, die wir bekommen haben, als diese Menschen in vergangenen Leben meine Mütter gewesen sind. In der gleichen Art meditieren wir über andere, die unsere eigenen Väter gewesen waren, oder enge Verwandte oder Freunde aus vergangenen Leben.

Wenn das der Fall ist, dann sollten wir uns erinnern, dass ihre Freundlichkeit uns gegenüber grenzenlos gewesen sein muss. Da die Anzahl unserer Lebenszeiten anfangslos ist, müssen wir endlose Male empfangen worden sein, als Kind von jedem von denen.
Das ist der dritte Schritt.
Der vierte Schritt ist die besondere Erinnerung der Freundlichkeit. Diese dehnt sich nicht nur auf unsere engen Verwandten aus, sondern auf alle fühlenden Wesen.
Unser wahres Überleben hängt völlig von anderen ab. Zum Beispiel, wenn unsere Kleider aus Baumwolle sind, kommt Baumwolle vom Feld, von den Arbeitern, die darin gearbeitet haben, und nicht nur in dieser Generation, sondern auch in vorherigen. Dann unsere Häuser. Dieser Raum zum Beispiel. Heute ist es ziemlich heiß, aber sonst fühlen wir uns recht behaglich. Diese Behaglichkeit ist das Ergebnis, großer Mühsal, ertragen von vielen Arbeitern, die ihre Energie hergaben, die schwitzten und arbeiteten, bis sie Schwielen an ihren Händen hatten, und krumme Rücken.
Bis zum heutigen Tag hing unser Überleben von Nahrung ab. Wenn ich an mich selbst denke, wenn ich mir all diese Leiber Brot vorstelle, die ich verzehrt habe, aufgestapelt würden sie einen Berg ergeben. Und die Milch, die ich getrunken habe, sie würde einen Teich abgeben. Wenn jemand kein Vegetarier ist, dann verzehrt er einen weiteren Berg an Fleisch. Vegetarier essen alle Sorten Früchte und Gemüse. All das kommt nicht vom Himmel. Es taucht nicht von nirgendwoher auf, sondern ist produziert durch harte Arbeit vieler Arbeiter.
Und die großen Namen der Leute. Selbst Berühmtheit kommt durch andere. Wenn es nur eine einzige Person gäbe, würde es keine Möglichkeit geben, berühmt zu werden. Berühmtheit kommt von vielen Mündern. Das hängt ebenfalls von anderen ab.
Nahrung hängt von anderen ab. Kleidung hängt von anderen ab. Behausung hängt von anderen ab.
Wir mögen denken, oh, aber ich habe für all diese Dinge bezahlt, ich kaufte sie für einen bestimmten Betrag Geldes. Ohne Geld kann ich keine Nahrung bekommen oder sonst irgend etwas.
Aber dieses Geld kam auch nicht aus deinem eigenen Mund. Es kam durch die Hand vieler Menschen. Die ganze Existenz unserer Leben hängt völlig von anderen ab. Dann mag man fühlen, ja, das sind Tat-

sachen, aber die anderen haben mir nicht bewusst geholfen. Sie taten es als ein Beiwerk ihrer eigenen Anstrengungen zu überleben.

Das ist wahr. Aber ich sorge für viele Dinge, die mir meine Sorge nicht zurückgeben. Wenn zum Beispiel meine Armbanduhr auf den Boden fiele und brechen würde, würde ich eine Art Verlust empfinden. Das bedeutet nicht, dass diese Uhr irgendein Gefühl für mich hätte. Sie ist mir nützlich, darum gebe ich auf sie Acht.

Auf dieselbe Art mögen all diese Leute nichts bewusst für uns getan haben; aber da ihre Arbeit für uns nützlich ist, sollten wir ihre Freundlichkeit erkennen und uns an diese erinnern. Wir müssen der Tatsache gewahr sein, dass obgleich die anderen nicht die Motivation haben uns zu helfen, wir dennoch von ihrem Beitrag und ihren Mühen für unser eigenes Überleben abhängen.

Die Freundlichkeit der anderen derart zu bedenken, wird zu einer sehr umfassenden Praxis.

Die Praxis von Mitgefühl, Freundlichkeit und Selbstlosigkeit, ist etwas Ausgezeichnetes. Manchmal bin ich fasziniert von der Kraft des menschlichen Gehirns. Unser menschliches Herz kann einen solch selbstlosen Geisteszustand erzeugen, einen, der andere höher schätzen kann als sich selbst. Diese Dinge sind wirklich bemerkenswert.

Wir können ohne andere lebenden Wesen so nicht üben. Eine der wichtigsten Ursachen sind lebende Wesen. Ohne andere können wir Mitgefühl nicht üben; ohne andere können wir Liebe, echte Freundlichkeit, Selbstlosigkeit, den Erleuchtungsgeist nicht üben. Darüber gibt es keinen Zweifel.

Wir respektieren die Buddhas und Boddhisattvas und die höheren Wesen, aber um diese guten Qualitäten zu kultivieren, sind fühlende Wesen wichtiger als Buddhas. Auf der gewöhnlichen Ebene hängt unser Überleben von der Freundlichkeit anderer fühlender Wesen ab, und selbst die Verwirklichung des Pfades, den man während seiner spirituellen Reinigung begeht, hängt von anderen ab.

Zum Beispiel, um echtes Mitgefühl oder Selbstlosigkeit zu üben, benötigen wir Toleranz. Ohne Toleranz, ist es unmöglich zu praktizieren. Ärger und Hass sind die größten Hindernisse für Mitgefühl und Liebe. Um Ärger und Hass zu vermindern, ist Toleranz ein Schlüsselfaktor. Um Toleranz üben zu können, benötigen wir einen Feind. Der Feind möchte uns nicht bewusst helfen, aber auf Grund unserer

Feindeshaltungen, bekommen wir die Gelegenheit, Toleranz zu üben. Die goldene Gelegenheit ist, wenn wir einem Feind in die Augen sehen. Alle fühlenden Wesen, aber im Besonderen unsere Feinde, sind sehr wichtig für unsere geistige Entwicklung. Unsere spirituelle Praxis hängt wirklich von anderen ab, und auch unser ganzes Überleben hängt von anderen ab. Von diesem Standpunkt aus betrachtet, sind nicht nur unsere engen Freunde, sondern alle fühlenden Wesen etwas sehr Wichtiges für uns.
Das ist der vierte Schritt in der Meditation.
Der fünfte Schritt handelt davon, wie man den Gedanken entwickeln kann, die Freundlichkeit anderer zurückzuzahlen.
Der sechste Schritt ist, sich selbst mit anderen gleichzusetzen. Die Bedeutung davon ist, zu erkennen, dass genau wie wir selbst kein Leiden begehren und Freude wünschen, die anderen fühlenden Wesen ebenso dieselbe natürliche Neigung haben. Indem wir so denken, entwickeln wir diese Gleichförmigkeit, sich selbst mit anderen gleichzusetzen.
Wir sollten von anderen als Teil unseres eigenen Körpers denken. In Zeiten der Gefahr, musst du alle Teile deines Körpers schützen.
Deine Haltung anderen Wesen gegenüber sollte sein, sie gehören ‚mir'. Dann wird es uns wehtun, wenn ein anderer verletzt wird.
Wenn wir diese Art von Gefühl zu allen fühlenden Wesen haben, werden sie alle wie Mitglieder unserer eigenen Familie. Wenn irgendjemand verletzt wird, fühlen wir das wie unseren eigenen Schmerz. Das ist der sechste Schritt.
Der siebente Schritt ist, über die vielen Nachteile egoistischen Denkens zu reflektieren. Ich sage den Menschen oft, dass eine sehr egozentrische Motivation am Ende viele Probleme mit sich bringt, obgleich sie von dem selbstsüchtigen Wunsch herrührt, etwas Gutes für sich selbst zu wünschen. Töten, stehlen, lügen: all diese Handlungen sind schlecht, nicht nur vom religiösen Standpunkt aus, sondern auch in Übereinstimmung mit dem Gesetz. All diese negativen Handlungen erscheinen auf Grund von Selbstsucht. Auf einer menschlichen Ebene beruht Streit zwischen Ehemann und Ehefrau, zwischen Eltern und Kindern, zwischen Nachbarn und Nachbarn, zwischen Nationen und Nationen auf innerer Verwirrung. Alle diese negativen Handlungen beruhen letztendlich auf Selbstsucht.

Andererseits ist Selbstlosigkeit wirklich die Urquelle zur Freude. Wenn wir anderen Menschen helfen, wenn wir anderen Menschen gegenüber offen und aufrichtig sind, dann werden wir uns selbst auch beträchtlich nutzen. Wir werden zum Beispiel schnell Freunde gewinnen.

Oft fühle ich den Gedanken, wir Tibeter sind staatenlose Flüchtlinge, solange wir aber aufrichtig und ehrlich sind, und auch ein Lächeln haben, werden wir leicht Freunde gewinnen. Selbst wenn wir in Russland enden oder wo auch immer, werden wir gute Freunde finden. Wenn wir aber egoistisch sind und auf andere Menschen heruntersehen, könnten wir nirgendwo Freunde finden. Den Gedanken zu kultivieren, sich um andere mehr zu sorgen als um uns selbst, erzeugt großen Nutzen. Unsere spirituelle Entwicklung, das Erreichen höherer Stufen, höhere Wiedergeburt in anderen Leben, und auch das Erlangen von Befreiung und Erleuchtung, all das hängt vom Pflegen anderer ab.

Das Ergebnis von Stehlen oder das Töten anderer Wesen, aus egoistischer Motivation heraus, ist Leiden und ein kurzes Leben. Das Ergebnis, das wir erlangen, wenn wir das Lebens anderer schützen, aus einem selbstlosen Verhalten heraus, ist eine gute Wiedergeburt und langes Leben. Das Ergebnis von Stehlen ist Armut; uneingeschränkt geben ergibt Wohlstand. Lügen erzählen ergibt Verwirrung; die Wahrheit sprechen ergibt geistige Klarheit. Jede egozentrische Handlung, begangen ohne Rücksicht auf das Wohl anderer Wesen, bringt Leiden mit sich; Jede selbstlose Handlung bringt Gewinn.

Handelt es sich nun um unterschiedliche Erfahrungen, auf unserer eigenen herkömmlichen Ebene oder auf unserem spirituellen Pfad, es gibt tatsächlich diese Schwankung positiver und negativer Konsequenzen, welche die Produkte einer selbstsüchtigen oder selbstlosen Haltung sind.

Der neunte Schritt ist der tatsächliche Gendanke sich selbst mit anderen auszutauschen. Das ist ein Geisteszustand, der während früherer Prozesse in Gang gesetzt wurde. Hier haben wir das natürliche Gefühl, anderen fühlenden Wesen zu nutzen.

Nun befassen wir uns mit der Meditation von *geben und nehmen*. Wir visualisieren, dass wir die Schwierigkeiten anderer auf uns nehmen, das dient dazu, unsere Praxis von Mitgefühl zu betonen.

Dann visualisieren wir, wie wir anderen fühlenden Wesen beides geben, Freude und seine Ursachen. Das stärkt unsere Praxis der Liebe.
Als nächstes folgt etwas, das unter dem Begriff „besonderes Verhalten" bekannt ist, der Gedanke universeller Verantwortlichkeit. Dieser wird als Ergebnis früherer Meditation gefördert. Dieser Gedanken ist es, der möglicherweise den Erleuchtungsgeist verursacht, das Streben, höchste Erleuchtung zum Wohle aller fühlenden Wesen zu erlangen. Das ist der elfte und letzte Schritt der Meditation.
In diesem System sind beide Traditionen vereint: Die Tradition der Kultivierung des Erleuchtungsgeistes, wie er von Asanga erklärt wird, und die Tradition, die von Shantideva erklärt wird.
Auf der Grundlage der obigen Motivation, rezitiert man den folgenden Vers:

Zum Buddha zum Dharma und zur Höchsten Versammlung
Nehme ich Zuflucht bis Erleuchtung gewonnen ist.
Durch die Kraft meiner Übungen, wie die der sechs Vollkommenheiten,
Möge ich Erleuchtung erlangen, zum Wohle aller fühlenden Wesen.

Wiederholt man diese Worte, mit einem starken Gefühl echter Selbstlosigkeit, werden die Worte handeln wie Öl, so dass das wahre Feuer in einem brennt.
Man wiederhole diesen Abschnitt drei mal oder öfter. Das kann in der eigenen Muttersprache getan werden.

F. Fragen und Antworten

Frage: Ihre Heiligkeit, ich kann verstehen, dass es anderen Leuten hilft, die Schwankungen im Leben besser zu akzeptieren, wenn man ihnen sagt, sie kämen auf Grund früheren Karmas und dass es hilft, Handlungen zu unterdrücken, wenn wir sagen, dass wenn wir in diesem Leben etwas Schlechtes tun, es eine Auswirkung auf unser zukünftiges Leben haben wird.
Aber ist es notwendig, dass man an zukünftige und vergangene Leben glaubt, um mit den rechten Grundsätzen zu leben?

Der Dalai Lama: Sicherlich nicht. Gewöhnlich sage ich, ob du ein Gläubiger oder ein Ungläubiger bist, du solltest eine gutherzige Person sein. Das kann ohne die Akzeptanz von früheren oder zukünftigen Leben entwickelt werden, oder ohne die Akzeptanz von buddhistischer oder karmischer Theorie. Das ist Religion in sich.

Ich habe das starke Gefühl, selbst areligiöse Menschen, wie Kommunisten zum Beispiel, können sehr gutherzig sein. Ich habe persönlich mehrere solcher Leute getroffen, die ihr eigenes Leben zum Wohle für die Masse geopfert haben. Sie taten dies durch ihre angeborenen Qualitäten. Menschen mit gutem Herzen existieren ohne an buddhistische Theorien oder Wiedergeburt zu glauben.

Ich sage gewöhnlich, dass Liebe und Freundlichkeit eine Universalreligion ist. Heute sprechen wir über Buddhismus, und so spreche ich über diese Dinge vom buddhistischen Standpunkt aus. Wenn jemand ohne diese spirituelle Verhalten, einfach versucht ein guter Mensch zu sein, ist das sicherlich möglich, und er wird es schaffen.

Dennoch, wenn eine Person die Existenz eines vollständig erleuchteten Zustandes nicht akzeptiert, dann kann die Frage von Erleuchtungsgeist nicht erscheinen, denn das ist ein Geisteszustand, der nach dem Erlangen von Buddhaschaft strebt.

Frage: Ihre Heiligkeit, wenn sie von subtilem Bewusstsein sprechen, gibt es da einen Unterschied zwischen Bewusstsein selbst, Bewusstsein von irgend etwas und Bewusstsein für irgend etwas?

Der Dalai Lama: Üblicherweise ist es sehr schwierig sich ein Bewusstsein vorzustellen, ohne irgend ein Objekt, weil der wahre Begriff Bewusstsein bedeutet, sich bewusst zu sein über etwas, ein Objekt.

Ich denke der Begriff Bewusstsein bezieht sich auf die grobe Ebene des Geistes, vom Standpunkt der Handlung aus. Das subtile Bewusstsein wird in gewöhnlichen Personen nur in einem unbewussten Zustand offensichtlich, zum Beispiel in der Ohnmacht.

Wenn wir die acht Auflösungsprozesse im Tod betrachten, ist der siebente schwarzes Fast-Erlangen. Das ist in Zwei unterteilt: Der erste Teil ist lediglich das Zurückbehalten einer subtilen Erinnerung; im zweiten Teil verlieren wir auch das. Wir haben diese Erfahrung des klaren Lichtes durch die Kraft unserer eigenen karmischen Taten.

Das gleicht einem natürlichen Auflösungsprozess, wo die Aggregate, die wir als Folge unserer eigenen karmischen Handlungen besitzen, enden. Wir gehen durch diesen Prozess auf natürliche Weise.
Es gibt eine Möglichkeit, diesen Zustand des klaren Lichtes durch Übung im Yoga zu erfahren, indem man die subtilen Energien und so weiter benutzt. Hier bringt der Meditierende, durch die Kraft seiner Verwirklichung diese Erfahrung hervor. Er erfährt die subtile Ebene des Bewusstseins, und bleibt sich dessen bewusst. Er verliert die Kontrolle nicht.
Der Meditierende muss diese Art der Erfahrung auf die Wirklichkeit richten, die Natur der Leerheit.

Frage: Wenn Tod der letztendliche Zustand des Bewusstseins ist, was hat es dann mit Geistern auf sich? Sind ihnen jemals welche über den Weg gelaufen?

Der Dalai Lama: Ich erinnere mich, dass ich als Kind sehr Angst vor Geistern hatte.
Im Buddhismus haben wir sechs Arten von Wiedergeburten. Diese Einteilung ist auf der Grundlage des Leidens- oder Freudengrades gemacht worden. Wenn die Einteilung auf der Grundlage der groben oder subtilen Ebenen von Form, Gefühl oder Geist gemacht wird, dann teilen wir fühlende Wesen innerhalb der drei Bereiche ein: Dem Begierdebereich, Formbereich und formlosen Bereich.
Geister können zu jedem dieser drei Bereiche oder Zustände gehören. Geradeso wie Menschen, sind einige positiv, einige negativ, einige grausam und einige freundlich. Gerade so.

Frage: Ihre Heiligkeit, ist es möglich abhängiges Entstehen zu fassen, ohne die Ansammlung von Verdienst und ohne die Reinigung von Täuschungen?

Der Dalai Lama: Man kann abhängiges Entstehen auf der Grundlage dieses gewöhnlichen Geistes erkennen, während man immer noch Täuschungen hat. Untersucht man die Leerheit auf der Grundlage dieser Abhängikeits-Theorie, dann kann man Leerheit erkennen, kann sie verstehen; denken sie intellektuell darüber nach, meditieren darüber, und sie können sie fühlen.

Hier müssen wir unterscheiden zwischen dem Bewusstsein, dass die Natur des abhängigen Entstehens erkennt, und dem schlussfolgernden Verständnis der Leerheit.

Um direkte Erfahrung zu machen – das ist die Verwirklichung der Leerheit oder des abhängigen Entstehens – muss man die Kraft der Täuschung reduzieren, die wir gewöhnlichen Wesen haben. Dann wird Meditation auf die Leerheit der weiteren Reinigung direkt dienen.

Sie werden entdecken, dass die Verwirklichung von Leerheit nicht so schwer ist.

Frage: Ihre Heiligkeit, sie haben erwähnt, dass das „Ich" wie ein Meister ist. Ich konnte nicht ganz verstehen, was sie damit meinten. Ist da etwas in uns, das uns denken oder handeln lässt, das Ego?

Der Dalai Lama: Wir können die Existenz eines „Ich" nicht leugnen. Wir können es nicht finden, aber es existiert. Es existiert, als Ergebnis von Eindrücken. Das Selbst, oder „Ich", ist nicht selbstständig, aber viele der alten nichtbuddhistischen Schulen erklären es als eine selbstständige Entität, getrennt von den Aggregaten. Sie sagen, während der Körper wechselt, ist das „Ich" immerwährend, eine Art Einheit. Ein solches „Ich" akzeptieren Buddhisten nicht. Ein solches „Ich" nennen wir *atma*, und das bloße Wort *atma* symbolisiert etwas Solides oder Unabhängiges. Offensichtlich wechselt das „Ich" automatisch, wenn unser Geist wechselt. Wenn wir einige Schmerzen haben, können wir sagen: „Ich bin krank", „Ich habe Schmerzen". Das ist nicht das „Ich", aber durch dieses können wir uns ausdrücken.

Frage: Ihre Heiligkeit, sie sagten uns, dass es keinen Anfang und kein Ende gibt. Es wurde uns auch gesagt, dass das mittlere, das so genannte phänomenale Universum nicht existiert; auch dieses ist Illusion. Kein Anfang, keine Mitte, kein Ende. Wo stehen wir?

Der Dalai Lama: Buddha selbst sagte in den Zeilen, die ich früher erwähnte: „Etwas, das von einer Ursache oder einem Umstand hergestellt wurde, ist nicht geschaffen."

Das bedeutet zu selben Zeit, dass sie hergestellt sind und nicht hergestellt sind. Buddhisten akzeptieren die Anfangslosigkeit und die Endlosigkeit von Bewusstsein, weil verschiedene Funktionen und Ebenen im Bewusstsein wahrgenommen werden.

Hat man einen solchen Standpunkt akzeptiert, kann man ihn logisch erklären, und wird von den verschiedenen Arbeitsweisen, die auf den Grundlagen einer solchen Voraussetzung möglich sind, überzeugt.

Da verschiedene Arten von Arbeitsweisen möglich sind, werden wir entdecken, dass es da kein wahrhaft existierendes Ding gibt, kein selbstexistierendes Ding, das nicht beeinflusst ist durch die verschiedenen Arbeitsweisen, und dass deshalb ihre Natur leer ist.

Da auf der Grundlage dieser Leerheit, all diese unterschiedlichen Arten von anscheinend widersprüchlichen Arbeitsweisen möglich sind, gleichen sie Illusionen.

Leerheit im Sinne von *shunyata* wird auf der Grundlage von etwas erklärt, das existiert, das Verbindungen hat mit der Wirklichkeit. Jedes Phänomen besitzt Leerheit als seine eigene Natur, was die Abwesenheit seiner wahren Existenz bedeutet.

Leerheit ist eine Qualität, die letztendliche Qualität der Dinge. Die Phänomene zum Beispiel, die von Ursachen abhängen, haben die Qualität von augenblicklichem Wechsel. Und wie wird augenblicklicher Wechsel möglich? Durch Leerheit, durch seine eigene Qualität.

Wenn wir von Qualität reden, muss es eine Grundlage dafür geben. Ohne diese Grundlage, kann es keine Qualität geben.

6

BUDDHAS WEG

A. Meditation über den Erleuchtungsgeist

Der indische Meister Haribhadra sagte in seinen Schriften, dass der Erleuchtungsgeist der Zustand des Bewusstseins sei, der von dem Wunsch hervorgerufen wird, dass alle fühlenden Wesen frei sein mögen von Leiden, und der gleichzeitig vervollständigt würde, durch die Intension Erleuchtung zu erlangen, zum Wohle anderer.

Wenn wir über das Streben zur Erlangung von Erleuchtung sprechen, heißt es, dass dieses Streben charakterisiert ist durch Mitgefühl, das auf die fühlenden Wesen abzielt, und Weisheit, die auf die Erleuchtung abzielt.

Um Erleuchtung zu erlangen, ist es zuerst einmal nötig Nirvana zu erlangen. Die Wahrnehmung von Nirvana selbst, hängt von der Verwirklichung der Leerheit ab.

In der Grundübung der Zufluchtnahme – eine Handlung, die darüber entscheidet, ob jemand ein Buddhist ist oder nicht – scheint es, dass wenn die Zufluchtnahme letztendlich wirksam sein soll, sollte man die Verwirklichung der Leerheit haben. So gibt es viele verschiedenen Ebenen in der Praxis der Zufluchtnahme.

Wenn wir nun über das Verfahren des Pfades sprechen, so kann ein Nicht-Buddhist versuchen, ein Verständnis für die Leerheit zu kultivieren und durch diese Verwirklichung Nirvana zu schätzen, die Beendigung von Leiden.

Das schafft die Grundlage für das Vertrauen in den Dharma. Durch dieses Verständnis kann man dann Respekt für Buddha entwickeln, der dies gelehrt hat, und für die spirituelle Gemeinschaft, die sich in dem Prozess des Pfades befindet.

Gewöhnlich teilen wir Praktizierende in zwei Gruppen: solche von hohen geistigen Fähigkeiten, die dem Pfad hauptsächlich durch Schlussfolgerung folgen; und solche von gewöhnlichem Format, die hauptsächlich auf ihren Glauben vertrauen.

Die Verfahrensweise für Praktizierende von höherem Format, ist diejenige, welche früher erklärt worden war, dem Pfad hauptsächlich durch Schlussfolgerung zu folgen.

Wenn wir Zuflucht zu den Drei Juwelen genommen haben, zeigt das an, dass wir zu Buddhisten geworden sind.

Dennoch, ob, oder ob wir keine Mahayana Buddhisten sind, hängt davon ab, ob wir auf der Grundlage des selbstlosen Strebens zur höchsten Erleuchtung unsere Zuflucht genommen haben oder nicht. Aus diesem Grund ist der Vorgang des Zufluchtnehmens verbunden mit dem Gedanken des Strebens nach der Erleuchtung.

Der nächste Schritt in der Meditation (*Eine tantrische Meditation;* siehe Anhang) bindet den Praktizierenden in die Praxis der Ansammlung von Verdienst ein, indem er das Gebet der Sieben Zweige betet.

Die Praxis des Gebetes der Sieben Zweige hat seine Quelle in der *Avatamsaka Sutra*. Wir können hierzu auch Verweise in dem *Prajnaparamita Sutra* finden.

Der erste der sieben Zweige ist das opfern von Niederwerfungen. Da der Text hier klar verständlich ist, denke ich, dass weitere Erklärungen nicht notwendig sind. Die Praxis der Niederwerfung dient dazu, Selbstgerechtigkeit und Stolz zu überwinden.

Der zweite Zweig ist die Praxis der Opferung. Das ist ein Gegenmittel für Egoismus.

Der dritte Zweig ist die Praxis der Reinigung, die eine Bestätigung unserer Unzulänglichkeiten und unseres Scheiterns ist, als Gegenmittel für die drei Geistesgifte, Begierde Hass und Unwissenheit.

Die Praxis des sich Erfreuens, **der vierte Zweig**, ist das Gegenmittel für Eifersucht.

Der fünfte Zweig ist die Praxis den Buddha zu bitten, das Rad der Lehre zu drehen, ein Gegenmittel für negatives Karma, das man in Bezug auf Schriften und andere heilige Objekte ansammelt.

Die Praxis, den Buddha bitten zu verbleiben, ohne in das *Parinirvana* einzugehen, ist **der sechste Zweig**. Er ist ein Gegenmittel für negatives Karma, das wir angesammelt haben, durch Geringschätzen von hohen Wesen.

Der siebente Zweig, die Praxis der Widmung, ist das Gegenmittel für falsche Sichtweisen, hauptsächlich die falsche Sichtweise, die das Kausalgesetz bestreitet, das Gesetz von Karma, indem man denkt, Wirkungen seien nicht durch ihre Ursachen erzeugt.

B. Konzentration, Meditation

Wenn irgendjemand tiefe Konzentration üben möchte, oder ruhiges Verweilen (*shamatha*), dann benötigt er, wie schon gesagt, einen völlig abgeschiedenen Ort, um dort einige Monate zu verbleiben. Ich vermute, dass dies für viele von ihnen nicht praktisch ist. Aber in ihrem täglichen Leben ist eine gewisse Art ruhigen Verweilens dennoch möglich. Für diese Übung können wir jedes Objekt hernehmen, um unsere Konzentration darauf zu fokussieren.

Als unser Objekt werden wir die Visualisation nehmen, die wir in unserem Meditationstext (Anhang) haben, die Versammlung von Buddha und den vier Boddhisattvas: Avalokiteshvara, Manjushri, Vajrapani und Tara.

Um an diesem Punkt ruhiges Verweilen zu üben, entspannen wir unser Gewahrsein der vier Boddhisattvas in der Visualisation, und konzentrieren uns auf Buddha, die Zentralfigur.

Wie ich früher schon erwähnt habe, visualisiert man, dass der Buddha brillantes Licht ausstrahlt, so dass sein Körper extrem dicht ist. Das hilft, den Geist zu stabilisieren und Dunkelheit zu beseitigen.

Um Klarheit der Visualisation zu gewinnen, ist es hilfreich, zuerst eine große, detailliert Statue von Buddha intensiv zu studieren, und sich diese dann während der Meditation versuchen vorzustellen.

Hat man dann dieses Bild in seiner Meditation hervorgezaubert, dann sollte man versuchen, es mit der Kraft seiner Aufmerksamkeit beizubehalten. Man sollte sein geistiges Verstehen auf das Objekt richten.

Um eine perfekte Einspitzigkeit des Geistes zu erreichen, sind zwei Faktoren notwendig: Stabilität des Geistes und Klarheit. In den Schreiben von Maitreya und Asanga, werden fünf Haupthindernisse und acht Gegenkräfte erwähnt, um einspitzige Konzentration zu erlangen.

Das erste der fünf Hindernisse ist Faulheit. Das Gegenmittel für Faulheit ist das Verstehen des großen Nutzens der Konzentration, und das starke Streben, solch eine Konzentration zu erlangen. Als Gegenkraft für Faulheit benötigen wir Vertrauen in die Methode der Konzentration.

Abgesehen vom Meditierenden, selbst im Alltag wird einem ein wenig

Kenntnis ruhigen Verweilens Geistesschärfe geben, und helfen Trägheit, ein Gefühl von Müdigkeit, zu vermindern. Es trägt zur Lebhaftigkeit des Geistes bei. Das ist sehr nützlich.

Es hat keinen Wert Gottheiten zu visualisieren, wenn man es nicht auf der Grundlage eines bestimmten Grades meditativer Konzentration tut. Wenn wir eine starke Konzentrationskraft haben, dann visualisiert man Gottheiten mit Gefolge. Das wirkt. Diese Dinge hängen gänzlich von der eigenen Qualität der Konzentration ab.

Der zweite Faktor den wir benötigen, ist das Streben nach Konzentrationsfähigkeit, Energie und physischer und geistiger Geschmeidigkeit, das Ergebnis der Konzentration. Diese vier sind Gegenmittel für Faulheit.

Das zweite Hindernis ist, das Meditationsobjekt zu vergessen. Das Gegenmittel dafür ist, Achtsamkeit, die ein Objekt behält.

Das dritte Hindernis besteht aus geistiger Erregung und geistiger Trägheit. Sein Gegenmittel ist geistige Aufgewecktheit.

Was diese beiden Hindernisse – geistige Erregung und geistige Trägheit – anbetrifft, können sie so beschrieben werden, dass sie mehrere Ebenen der Verfeinerung haben. Einige sind grob, andere recht subtil. Es gibt einen besonderen Geisteszustand, geistige Erstarrung genannt. Das ist die Ursache geistiger Trägheit. Diese Art des Geistes ist so, dass es sogar in unserer Meditation einen total leeren Raum gibt, ohne Klarheit, ohne Bild des Objektes, ohne Wachheit auf der Seite des Subjektes.

Nun lassen sie uns über die geistige Trägheit sprechen, in dem es keine Klarheit des Objektes gibt. Es kann auch als geistiges Sinken übersetzt werden, wenn sich unsere geistige Kraft in einem Zustand des Sinkens befindet.

Grobes geistiges Sinken ist es, wenn wir das Meditationsobjekt verlieren, und subtiles geistiges Sinken ist es, wenn wenn wir das Objekt nicht klar behalten.

Geistige Erregung ist ein Geisteszustand, bei dem unsere Konzentration verloren, und unser Geist verstreut ist über alle Arten von Objekten.

Eine subtile Form dieser geistigen Erregtheit ist, wenn wir das Objekt noch fokussieren, aber der Hauptteil der Konzentration abgelenkt ist. Um uns selbst vor diesen Hindernissen zu schützen, müssen wir das

Gegenmittel benutzen, geistige Wachheit.
Die Ursache geistigen Sinkens ist ein Geist, der zu entspannt ist. Die Ursache geistiger Erregung ist eine Konzentration, die zu straff ist, beinahe zum Zerreißen gespannt. Um nun auf keines dieser Hindernisse zu treffen, muss man durch seine eigenen Erfahrung ein Gleichgewicht des Geistes finden.
Welches sind die Wege, um geistiges Sinken und geistige Trägheit zu überwinden?
Wir müssen die Intensität unserer Konzentration und Wachheit anziehen und lockern, abhängig davon, welche der beiden gerade zu der Situation passt.
Die sehr subtile Form des geistigen Sinkens kann überwunden werden, indem man die Intensität unserer Konzentration zunehmen lässt. Wenn wir grobes geistiges Sinken erfahren, ist es besser die Meditation für eine Weile zu unterbrechen, und sich stattdessen an eine angenehme Erfahrung zu erinnern, die ein Gefühl der Freude hervorrufen kann. Das wird helfen, den Geist zu stimulieren. Oder wir können rausgehen, und einen Spaziergang machen.
Im Falle subtiler geistiger Erregung, verringere einfach die Intensität der Konzentration. Alternativ dazu ist es auch ratsam, sich an etwas Trauriges zu erinnern, wenn man grober geistiger Erregung gegenübersteht, um dieses Gefühl der Erregung zu beruhigen. Auf jeden Fall, um beide Hindernisse zu überwinden, müssen wir an uns arbeiten, und durch unsere eigene Erfahrung einen ausgeglichenen Zustand der Konzentration finden.
Es gibt verschiedene Annäherungen zu dieser Praxis. Diese schließen sowohl die Konzentration mit einem äußeren Objekt, Konzentration ohne ein bestimmtes Mantra, oder bestimmte Silben, als auch die Konzentration auf Licht an bestimmten wichtigen Energie-Zentren mit ein. Erklärt wird das in dem höheren Yoga Tantra. Das ist Konzentration auf ein inneres Objekt.
Es gibt die Konzentration auf den Geist selbst. Zu Beginn ist das etwas recht Schwieriges, da das Objekt, auf das man versucht zu fokussieren, der Geist ist, und das Mittel, das wir verwenden ebenfalls der Geist ist. Im Anfangsstadium ist es eine Übung, bei der man die Absicht entwickelt, seine Konzentration auf den Geist zu fokussieren, und dann behält man diese echte Absicht, durch die Kraft der Achtsamkeit bei.

Bis man nicht selbst mit langer Praxis vertraut ist, ist es sehr schwierig, sich auf den Geist zu konzentrieren. Wir sprechen immer über Geist, und wir gebrauchen ihn, aber es ist sehr schwierig den Geist wahrzunehmen.

Das erste der beiden folgenden Hindernisse **vier und fünf** ist, die rechten Gegenmittel nicht anzuwenden, wenn wir die Hindernisse der Erregung oder des geistigen Sinkens erfahren. Das zweite ist der Übergebrauch von Gegenmitteln.

Es gibt neun Schritte, geistige Konzentration zu kultivieren, und wenn wir den siebten oder achten erreichen, ist die Kraft der Anfechtbarkeit gegenüber Hindernissen nahezu überwunden. Würden wir dann immer noch Gegenmittel anwenden, würde uns das schaden, anstatt nutzen. An diesem Punkt müssen wir Gleichmut als Gegenmittel anwenden.

Es gibt verschiedene Arten von Gleichmut. Eine ist ein neutrales Gefühl. Dann gibt es den Gleichmut der Nichtanwendung von Gegenmittel, wenn sie nicht notwendig sind. Eine andere Art ist die, bei der wir Gleichmut kultivieren, fokussiert auf alle fühlenden Wesen, zum Beispiel neutral gegenüber allen fühlenden Wesen zu sein.

Das sind die fünf Hindernisse und die acht Gegenmittel, sie zu überwinden.

Wenn wir uns einer solch intensiven Übung unterziehen, ist es wichtig seine Nahrung zu beachten. Ein Vegetarier zu sein, ist sehr segensreich.

Vom Standpunkt Tibetischer Medizin aus, wenn jemand von Beginn an Vegetarier war, ist das am Sichersten, wenn jemand aber zu einem späteren Zeitpunkt seines Lebens Vegetarier wird, besteht die Gefahr, energetische Unordnung zu entwickeln. Als Ergebnis kann man einen zischenden Ton in seinem Ohr wahrnehmen, oder die Handflächen schwitzen, oder man neigt zu Unruhe. Das sind große Hindernisse für die Konzentration. Ansonsten ist es außerordentlich gut ein Vegetarier zu sein.

Dann denke ich, ein anderer wichtiger Faktor ist, abends wenig zu essen. Abends zu fasten, ist das Beste, oder wenn nicht, dann nimmt man nur ein kleines Mahl zu sich.

Noch ist es gut, spät zu Bett zu gehen. Gehen sie früh zu Bett, und stehen sie früh auf. Die beste Zeit für diese Art der Meditation ist das

Morgengrauen.
Manchmal mag es nutzvoll sein, zu praktizieren, wenn man schon wach ist, doch das sensorische Bewusstsein ist noch nicht aktiv, eine Art von Halbschlaf. Wenn man einen Weg findet, zu dieser Zeit zu meditieren, wird man es leichter finden, eine Art von weißem Licht zu erkennen. Das hängt von der Qualifikation des Einzelnen ab.
Es gibt verschiedene andere Methoden, die im Detail im höchsten Yoga Tantra erklärt werden. Dennoch, ohne Initiation ist es nicht möglich sie zu praktizieren.
Eine interessante Technik ist das Traum-Yoga. Um sie zu praktizieren, sollten wir erkennen, dass wir träumen, und uns dann einer bestimmten Praxis bewusst unterziehen. Weil unser Geist schon subtiler geworden ist, kann mit wenig Anstrengung ein noch tieferer Bewusstseinszustand genutzt werden.
Wenn wir das tun können, können wir einen Traumkörper entwikkeln. Dieser besondere Traumkörper ist etwas Getrenntes von unserem physischen Körper. Es ist ein subtiler Körper, und er kann an viele Orte gehen, und viele Dinge tun. Ich denke, dieser Körper ist das beste Geheimmittel. Ausgerüstet mit dieser Technik, kann man seine Verpflichtungen erfüllen. Es gibt keine Gefahr, gefangen zu werden. Niemand sonst kann den eigenen Traumkörper sehen.
Diese Art der Praxis befasst sich hauptsächlich damit, Kontrolle über den subtilen Körper und subtilen Geist zu bekommen. Das kommt in der tantrischen Praxis. Es gibt Fälle, in denen Praktizierende, auf Grund von Alter oder physischen Behinderungen, nicht in der Lage sind, mit ihren Augen zu sehen, die Teil ihres groben Körpers sind. Aber mit dieser Verwirklichung sind sie in der Lage, die Schriften mit den Fingerspitzen zu lesen. Das ist eine Kraft, die aus der Konzentration geboren wird, die für Buddhistische und nichtbuddhistische Praktizierende üblich ist.

C. Mantra Rezitation

Danach machen wir die Mantrarezitation. Normalerweise haben wir sadhanas, oder Meditationstexte, und wenn wir die Meditation gemacht haben, und noch Zeit haben, dann rezitieren wir Mantren.
Die Keimsilben der Gottheiten, werden gemäß dem Text visualisiert

(Anhang). Diese sind: *MUM* (gold), *HRIH* (weiß), *DHIH* (gelb), *HUM* (blau), und *TAM* (grün). Wir können die Silben in jeder Schrift visualisieren, wie Sanskrit, römisch oder andere.

MU ist die erste Silbe von Muni, dem Namen von Buddha Shakyamuni. Dieses *MU* mit einem Punkt oben drauf liest man *MUM*. Wir können sagen, dass der Punkt, der bindu, der „emme" Klang, Leerheit symbolisiert, und *MU* herkömmliche Entität.

HRIH ist die Keimsilbe von Avalokiteshvara, weil *HRIH* die Keimsilbe von Amitabha ist, die Tathagata-Familie, zu der Avalokiteshvara gehört.

DHIH ist der Sanskritlaut für Weisheit. Manjushri ist die Gottheit der Weisheit und der Kenntnis, und das ist seine Keimsilbe.

HUM ist die Keimsilbe von Vajrapani, der die Verkörperung von Buddhas Geist ist. *HUM* ist auch die Keimsilbe von Akshobya, die Tathagata-Familie zu der Vajrapani gehört.

TAM ist die Keimsilbe von Tara. Wie MU die erste Silbe von Buddhas Name ist, so ist auch *TA* die erste Silbe von Tara. Der Bindu oben auf der Silbe macht es zu *TAM*.

Die Farben dieser Buchstaben korrespondieren zu den Farben ihrer Gottheiten. Jede dieser Silben ist umgeben von ihrem Mantra, und wir sollten alle von ihnen so oft wie möglich rezitieren.

Om muni muni maha muniye svaha - das ist das Mantra von Buddha Shakyamuni. *Muni* bedeutet, *„der Befähigte Eine"*, und *Maha muni* *„der Große Befähigte Eine"*. Gemäß der Erklärungen der Etymologie ist *OM* eine Zusammenziehung der drei Sansktitbuchstaben *AUM*. Es symbolisiert Körper, Rede und Geist sowohl von Buddha, als auch die des Praktizierenden.

Om mani padme hum ist das Mantra von Avalokiteshvara.

Mani ist das Sanskritwort für Juwel, das die Methode symbolisiert. Methode, gemäß dem Tantrayana Gottheiten Yoga, in den Mahayana Lehren bedeutet, Erleuchtungsgeist, großes Mitgefühl (*mahakaruna*), große liebevolle Freundlichkeit (*mahamaitri*).

Padma bedeutet Lotus, und hier symbolisiert es Weisheit, die Weisheit, welche die Leerheit versteht.

Hum symbolisiert Unteilbarkeit. Gerade wie *Om* beides symbolisiert, die nicht gereinigten Körper, Rede und Geist des Praktizierenden, und den gereinigten Körper, die gereinigte Rede und den gereinigten

Geist von Buddha; so bedeutet dieses *Hum*, dass wir durch unsere Praxis unsere unreinen Körper, Rede und Geist transformieren können in die gereinigten Körper, Rede und Geist des Ergebnisstadiums. Die drei unreinen Elemente transformieren in die drei reinen Elemente.

Wie ist die Methode? Sie wird in *Mani* und *Padma* symbolisiert, diese beiden Worte, welche Methode und Weisheit repräsentieren.

Wie ich früher erwähnt habe, es sind der Erleuchtungsgeist, das große Mitgefühl, auch das Gottheiten Yoga, und die Weisheit, welche die Leerheit versteht, unteilbar vereint, wie in *Hum* symbolisiert.

Diese beiden, die die Methode zusammen mit der Weisheit verbinden, können die unreinen Körper, Rede und Geist in die reinen transformieren.

Das ist die Bedeutung von *Om mani padma hum*. Ein recht berühmtes Mantra, nicht wahr? Viele Menschen kennen *Om mani padma hum*.

Die wörtliche Bedeutung dieses Mantras ist: *„Oh er, der einen Lotus und ein Juwel in seinen Händen hält."*

Om wagi shvari mum ist das Mantra von Manjushri. *Wagi* ist Sanskrit für Sprache, und Ishvari ist jemand, der darin Meister ist. *„Er, der erfahren ist in der Sprache"*, ist die Bedeutung dieses Mantras.

Om vajra pani hum ist das Mantra von Vajrapani. *Pani* bedeutet Hand. Die Tibetische Übersetzung von Vajrapani ist *„Einen Vajra in der Hand haltend"*. Die wörtliche Bedeutung des Mantras ist: *„Jemand, der einen Vajra in der Hand hält."* In der klaren Bedeutung dieses Mantras symbolisiert ‚vajra' die Vereinigung von Methode und Weisheit. Ein Vajra für sich genommen, bedeutet die Einheit von Methode und Weisheit.

Om tare tuttare ture svaha ist das Mantra von Tara. Die Tibetische Übersetzung ist Dolma, diejenige die befreit. *Tutta-re* deutet eine noch größere Intensität an Befreiung an. Die Tibetische Interpretation von *Svaha* ist zu *„stabilisieren"*, *„einen Grundstein legen."*

Die Wurzeln des Wortes „mantra" sind *mana*, was so viel wie Geist bedeutet, und *tra*, was Schutz bedeutet.

Mantra im tantrischen Kontext bedeutet, den eigenen Geist vor gewöhnlichen Erscheinungen und gewöhnlichem Greifen zu schützen.

Im Gottheiten Yoga versuchen wir das Gefühl von uns selbst als einer Gottheit zu entwickeln. Wenn wir über eine Gottheit meditieren und uns darauf konzentrieren, können unsere Augen und Ohren gewöhnliche Dinge wahrnehmen, aber auf der Ebene von geistigem Bewusstsein haben wir alle natürlichen Projektionen und Erscheinungen des Gewöhnlichen entfernt und verbleiben in einem göttlichen Zustand. In dieser Praxis sind wir vor gewöhnlichem Fühlen und gewöhnlichen Erscheinungen geschützt. Das ist die Bedeutung des Wortes „mantra". Im Buddhismus haben wir verschiedene Arten von Mantren, solche wie weltliche Mantren, überweltliche Mantren, Wurzelmantren, Essenz- oder Herzmantren, und Nah-Essenzmantren. Das sind vier unterschiedliche Arten von Mantren. Einige haben *Om* zu Beginn aber kein *Svaha* am Ende. Andere haben *Svaha* am Ende. Dann haben einige beides, oder keines von beiden. Meistens rezitieren wir Buddhas Mantra *Om muni muni maha muniye svaha*.

Wenn wir Buddha als Lehrer betrachten, dann sind die vier Gottheiten, die ihn umgeben besondere Manifestationen Buddhas zu einem besonderen Zweck. Wenn sich jemand zum Beispiel darauf konzentriert, ein gutes Herz zu entwickeln, dann konzentriert er sich auf das Mantra von Avalokiteshvara, *Om mani padme hum*.

Wir rezitieren dieses Mantra auch als Widmung, wenn jemand gestorben ist. Als meine Mutter starb, haben mein Bruder und viele Leute, einschließlich meiner selbst, hunderttausend mal und mehr *Om mani padme hum* rezitiert. Das ist gut für spirituelles Wachstum im Hinblick auf die Methode. Das ist es, was wir üblicher Weise tun.

Om wahi shvari mum, das Mantra von Manjushri ist sehr gut für Studenten. Es hilft, dass ihre Intelligenz, die Schärfe ihres Geistes, zunimmt. Manchmal rezitieren wir *dhih dhih dhih dhih* einhundertundacht mal und mehr, ohne Pause, ohne dazwischen zu atmen. Wir atmen zu Beginn tief ein und fangen an *dhih dhih dhih dhih....* Das hilft uns die Kraft der Erinnerung zu vermehren.

Om vajra pani hum, das Mantra von Vajrapani, hilft unsichtbare Hindernisse zu überwinden. Natürlich ist es nicht gut, abergläubisch zu sein, aber wenn ohne offenbare Gründe ständig störende Dinge passieren, dann mögen da einige unsichtbare Hindernisse am Werk sein. Das Rezitieren dieses Mantras wird dabei helfen sie aufzulösen.

Om tara tuttare ture svaha, das Mantra von Tara, wird für ein langes

Leben rezitiert, und wenn jemand an einer Krankheit leidet und unter medizinischer Behandlung steht. Es hilft auch, wenn wir Geschäfte machen.

Das grundlegende Ziel Mantren zu rezitieren, ist die Erleuchtung zum Wohle anderer Wesen, und während wir versuchen das durch Mantrarezitation zu erreichen, werden auch einige zeitweilige Ziele, wie langes Leben, Erfolg oder das Wachstum von Weisheit erreicht.

Mantratechnik wird auch gebraucht zur Erfüllung verschiedener Taten wie Befriedung, Wachstum, Kraft und Zorn. Um die Energie der Mantren nutzbar zu machen, muss man zuerst Leerheit verwirklichen und *bodhichitta*, als Streben höchste Erleuchtung zu erlangen.

D. Meditation auf die Leerheit

Um zu verwirklichen, dass alle trügerischen Phänome, ihrer Natur der Leerheit nach, gleich sind, konzentrieren wir uns auf die Leerheit. Wenn die Meditation auf den Erleuchtungsgeist und die Übung in Konzentration herangereift sind, dann beginnt die Praxis der Leerheit. Gewöhnlich ist es nicht nötig, wenn man auf die Leerheit meditiert, die Erscheinung des Objektes zu entfernen, doch da wir uns hier mit der Tantra Praxis beschäftigen, wird es empfohlen, die Erscheinung der Objekte zu entfernen.

Wir können diese Praxis auf zweierlei Weise praktizieren: Wir können erst einmal alle Erscheinungen auflösen und dann mit der Meditation auf die Leerheit beginnen; oder wir beginnen zuerst mit der Meditation auf die Leerheit, und lösen dann alle Erscheinungen der Objekte auf.

Nun in Kürze zur Erklärung der tatsächlichen Meditation auf die Leerheit. Hier ist es sehr wichtig das zu identifizieren, was verneint werden muss.

Die Hauptschulen des Buddhismus akzeptieren, was unter dem Begriff der *„vier buddhistischen Siegel"* bekannt ist. Diese Vier sind folgende:
Alle Produkte sind vorübergehend;
Alle verunreinigten Phänomene sind von der Natur des Leidens;
Alle Phänome sind Selbst-los und leer; und
Nirvana allein ist Frieden.

Hier steht Selbstlosigkeit für die Leerheit einer unabhängigen Person. Selbstlosigkeit der Phänomene wird nur in den Mahayana-Schulen erklärt: Der *Chittamatra*-Schule („Nur Geist-Schule") und der *Madyamaka*-Schule („Mittlerer-Weg-Schule").

Die *Madyamaka*-Schule – sie verlässt sich auf das Sutra *Die Gedanken des Buddha enträtseln* – legen die Existenz zweier Arten von Phänomenen dar. Eine ist, dass obgleich Form beispielsweise das Verweisobjekt begrifflichen Denkens ist, ist es nicht das Verweisobjekt des Bewusstseins, das es als selbstentstehend erkennt. Es ist nur ein Etikett, ein Verweis auf die Ausdrucksform, und auch auf das begriffliche Denken, welches das Etikett vergibt. Darum ist die Abwesenheit von Form, als Verweis auf den Ausdruck, eine Art von Leerheit.

Die andere Art von Leerheit ist die Verneinung der Existenz äußerer Objekte als existent, getrennt von geistiger Projektion. Die *Chittamatra*-Schule („Nur-Geist-Schule") sagt, die äußeren Dinge existierten nicht getrennt von geistigen Projektionen. Die Darstellung der Leerheit der *Madyamaka*-Schule ist anders. Obgleich Anhänger der *Chittamatra*-Schule die wahre Existenz äußerer Objekte widerlegen, glauben sie an die wahre Existenz des subjektiven Geistes.

Vom Standpunkt der *Madyamaka*-Schule aus betrachtet, entdecken wir, dass die Anhänger der *Chittamatra*-Schule in die beiden Extreme verfallen sind, in den Eternalismus oder Absolutismus und in den Nihilismus. Da sie äußere Objekte nicht akzeptieren, sind sie in das Extrem des Nihilismus verfallen; und da sie die wahre Existenz subjektiven Geistes akzeptieren, sind sie in das Extrem des Absolutismus verfallen.

Gemäß der *Madyamaka*-Schule existieren beide nicht wirklich, äußeres Phänomen und subjektiver Geist, beide existieren nur herkömmlich.

Innerhalb der *Madyamaka*-Schule gibt es zwei Einteilungen. Ein Teil der Schule sagt, dass obgleich äußere Phänomene nicht wahrhaft existent sind, in der Weise, dass sie nicht die Objekte des Bewusstseins sind, welches die wahre Natur analysiert, gibt es etwas auf der Seite des Objektes, eine Art Essenz innerhalb des Objektes, das wir durch Analyse finden können, und das eine sogeartete Schablonenhaftigkeit rechtfertigt. Zum Beispiel, wenn sie nach der Person oder dem Selbst

suchen, werden sie schließlich mit der Behauptung daherkommen, Bewusstsein sei die Identität der Person, oder solchen Dingen. Sie sagen, dass etwas auf der Seite des Objektes existiert.
Dann gibt es einen anderen Teil der Schule, der sagt, dass Phänomene nicht wirklich existieren, in dem Sinne, dass sie nicht das Objekt ihres Bewusstseins sind, welches seine Wahrheit sieht; und zur gleichen Zeit, selbst wenn wir analytisch nach der Essenz oder dem Herkommen von etwas suchen, können wir nicht finden, was es ist. Das ist der andere Teil der Schule. Die Sicht der letzteren ist die tiefgründigere, aus dem Grund, dass sie weniger Widersprüchlichkeiten aufweist.
Wenn wir die Theorien der anderen Schulen untersuchen, werden wir viele logische Unvereinbarkeiten innerhalb des Systems finden.
Wenn die *Madyamaka* Denker die Theorie der Leerheit darlegen, tun sie das, indem sie verschiedene Arten unterschiedlicher Schlussfolgerungen verwenden. Eine davon ist die Analyse vom Lauf der Phänomene, bekannt unter „*Der Silberdiamant der Beweisführung*". Diese Beweisführung analysiert auf der Wirkungsseite des Dinges.
Dann gibt es Beweisführungen, wo wir nach vier Möglichkeiten suchen, indem wir beide vom Standpunkt der Ursache aus und vom Standpunkt der Wirkung aus analysieren.
Eine andere Beweisführung ist bekannt als „*König der Beweisführung*", der Beweis unabhängigen Erscheinens.
Noch eine andere Beweisführung ist die, welche die „*Abwesenheit von Einzahl und Vielzahl*" beobachtet und die Dinge selbst analysiert. Innerhalb der Beweisführung, bekannt unter "*Abwesenheit von Einzahl und Vielzahl*", gibt es einen unterschiedlichen Beobachtungsstil.
Nun werde ich sehr kurz die Meditation auf die Leerheit innerhalb der Beweisführung der Abwesenheit von „*Einzahl und Vielzahl*" erklären. Um auf die Leerheit zu meditieren, müssen wir zuerst die Leerheit identifizieren, auf die wir meditieren, das Ding also, das verneint werden muss. Wenn wir das Objekt der Verneinung nicht identifizieren, können wir das Bild seiner Abwesenheit nicht haben.
Dafür ist es passender, zuerst auf uns selbst zu reflektieren. Wenn man dieses natürliche Gefühl hat von: „Ich gehe, ich esse, ich stehe," kontempliert man einfach, welche Art von selbst oder „Ich" im eigenen Geist erscheint. Dann versucht man es mit verschiedenen Techniken. Wie ich früher erwähnt habe, versucht man sich an unerfreuliche Situ-

ationen zu erinnern, wo man zum Beispiel zu Unrecht beschuldigt worden ist für etwas; oder angenehme Situationen, wo man gelobt worden ist. Während dieser Erfahrungen, hatte man einen sehr schwankenden Geisteszustand, und zu dieser Zeit schien es, als hätte man es recht klar fühlen können, dieses „Ich", das Selbst.

Als dieses „Ich" im eigenen Geist erschienen war, erschien es dann als etwas von Körper und Geist getrenntes, wie eine unabhängige Entität? Diese Art von „Ich" oder Selbst, die einem so lebendig erscheint, dass man das Gefühl hat, den Finger darauf legen zu können, etwas, unabhängig vom eigenen Körper und Geist, diese Art von „Ich" ist die am meisten falsch verstandene Projektion, und das ist das Objekt der Verneinung.

Das ist der erste essentielle Punkt, nämlich das zu identifizieren, was zu verneinen ist.

Der zweite essentielle Punkt ist, zu bedenken, wenn ein solches „Ich" oder unabhängiges Selbst existiert, ob es als eins mit Körper und Geist existiert, oder wirklich getrennt von ihnen; oder ob es einen dritten Weg gibt, wo es existieren kann.

Man muss die verschiedenen Möglichkeiten betrachten, und dann wird man endecken, dass wenn es wirklich als unabhängige Entität existieren würde, müsste es entweder mit dem Körper oder mit dem Geist eins sein, den Aggregaten, oder es müsste getrennt sein, weil es keinen dritten Weg der Existenz gibt.

Das ist der zweite essentielle Punkt.

Es gibt die Wahl, entweder es ist eins mit den Aggregaten, oder vollkommen verschieden von ihnen.

Nun bedenkt man dies, wenn das „Ich" eins mit den Aggregaten ist, dann sollten, geradeso wie das Selbst eins ist, auch Körper und Geist eins sein, da sie mit dem Selbst identifiziert werden. Wenn das Selbst getrennt ist, sollte, geradeso wie die Aggregate mannigfaltig sind, auch das Selbst mannigfaltig sein.

Dann bedenkt man, dass wenn dieses unabhängige Selbst oder „Ich" als etwas deutlich Getrenntes existieren würde, wirklich getrennt von den Aggregaten, sollte es aufzufinden sein, selbst nachdem die Aggregate aufgehört haben zu existieren. Aber das ist nicht der Fall.

Wenn man mit dieser Methode des Ermittelns sucht, wird man entdecken, das ein solches „Ich", von der Seite der Aggregate her, nicht identifiziert werden kann.

Nach einer solchen Beweisführung wird man entdecken, dass das unabhängige „Ich" oder Selbst, welches dem eigenen Bewusstsein früher erschienen ist, ein Missverständnis oder eine Projektion ist. Es existiert nicht.

Zum Beispiel in der Morgen- oder Abenddämmerung, wenn nicht viel Licht da ist, mag jemand ängstlich werden und ein zusammengerolltes Seil mit einer Schlange verwechseln. Abgesehen von dem Bild einer Schlange im Geist dieser Person, gibt es nicht das Geringste an wahrer Existenz von Schlange auf der Seite des Objektes, dem Seil.

Mit den Aggregaten ist es dasselbe. Wenn man in ihnen das Erscheinen eines Selbst wahrnimmt, obgleich ein solches Erscheinen von innerhalb der Aggregate aufzutauchen scheint, gibt es nicht den winzigsten Partikel, der als das Selbst innerhalb der Aggregate identifiziert werden kann. Wie im früheren Beispiel, worin die Schlange nur eine missverstandene Projektion ist, gibt es keine wahre Existenz der Schlange.

Genauso ist es, wenn wir das Erscheinen oder das Verständnis von ‚Person' als unterschiedlich von den Aggregaten haben; von der Seite der Aggregate her, gibt es keine wahre Existenz der Person; es gibt nur ein Etikett, das den Aggregaten zugeschrieben wird. So lange keine Essenz existiert, auf der Seite des betreffenden Objektes, sind sie in beiden Fällen dasselbe. Soweit die Stellung des Objektes von der Seite des Objektes her betroffen ist, gibt es keinerlei Unterschied zwischen ihnen. Der Unterschied muss vom wahrnehmenden Geist, von der Seite des Subjektes her kommen.

Wenn wir das aufgerollte Seil als Schlange etikettieren, ist das eine irrtümliche Gewohnheit. Nach einer Weile geht die Sonne auf, wir erhalten eine klare Sicht des Objektes, und können das Missverständnis dieses Seiles als einer Schlange, durch gültiges Erkenntnisvermögen vertreiben, eine andere Art von Bewusstsein.

Das Etikett der Schlange auf dem zusammengerollten Seil kann schmerzhaft sein. Dennoch, wenn man im Fall einer Person – obgleich es da keine objektive Wirklichkeit gibt – die Aggregate als Person etikettierst, dient es dem Zweck der Gewohnheit. Es gibt keine andere Art von Bewusstsein, die das auflösen kann. Wie auch immer, wenn wir sagen würden, es gäbe überhaupt keine Person, dann würde unsere eigene Erfahrung unserer falschen Schlussfolgerung widersprechen. Folglich muss die Existenz der Person gerechtfertigt werden, nur vom subjektiven Bewusstsein aus, welches das Etikett verteilt. Aus diesem Grund wird gesagt, dass die Dinge nur dem Namen nach existent sind; es gibt keine objektive Wirklichkeit.

E. Fragen und Antworten

Frage: In der Art der besonderen Einsicht, die auf die Atmung fokussiert, findet eine Auflösung des Körpers statt, wegen der wechselnden Natur des Körpers, und man erreicht eine bestimmte Stufe, auf der man erkennt, dass sich alles in einem Stadium des Fließens befindet. Wie passt das mit der Lehre besonderer Einsichtsmeditation zusammen, wie sie in der Tibetischen Tradition gelehrt wird?

Der Dalai Lama: Es gibt zwei Hauptarten der besonderen Einsichtsmeditation. Eine davon fokussiert auf herkömmliche Phänomene, und die andere auf die Leerheit.
In besonderer Einsicht, fokussiert auf herkömmliche Phänomene, gibt es eine Art, bei der wir uns auf den Atemprozess konzentrieren.
Wir können auch besondere Einsichtspraxis üben, in der wir Gottheiten visualisieren, Buddhaformen, die aus uns selbst emanieren, und sich dann wieder in uns auflösen.
Es gibt auch eine weltliche Praxis besonderer Einsicht, in der wir die Fehler des Begierdebereiches und die Vorzüge des formhaften und formlosen Bereiches, den höheren Bereichen fokussieren. Das ist vergleichsweise eine Methode der besonderen Einsicht.
Diese Arten von Methoden besonderer Einsicht, können zu Beginn angewandt werden, wenn wir die Motivation für die Praxis kultivieren.
Zum Beispiel, wenn wir auf die leidhafte Natur von Samsara meditieren, dann müssen wir Achtsamkeit des Körpers üben. Dabei konzentrieren wir uns in dieser Praxis auf die Unsauberkeit, Unreinheit und die vergängliche Natur des Körpers.
Danach üben wir Achtsamkeit der Gefühle, Achtsamkeit des Geistes und möglicherweise Achtsamkeit der Phänomene.
Während all dieser unterschiedlichen Übungen der vier Achtsamkei-

ten, kann man seine Konzentration auf den Ablauf der Atemmeditation richten. Die Atemübung kann in jeden geeigneten Teil jeder Praxis mit einbezogen werden.

Die Bedeutung der Meditation besonderer Einsicht gemäß dem indischen Meister Asanga, wird als ein Zustand erklärt, in dem wir geistige Feinheit erreichen, nachdem wir die Beobachtung eingesetzt haben. Während wir die Stabilität der Konzentration beibehalten, setzen wir die Beweisführung ein. Wir erreichen geistige Feinheit. Der Geist wird geschmeidig. Dieser Geisteszustand ist unter besonderer Einsicht bekannt.

Meditative Stille, oder geistige Ruhe ist ein Geisteszustand, der meist mit Hilfe vertiefter, unbeweglicher Meditation erreicht wird.

Wenn Leute gewöhnlich über besondere Einsicht reden, denke ich, dass sie diesen Denkablauf im Kopf haben.

Frage: Ihre Heiligkeit, sie haben zuvor über Mantren und die Auswirkung gesprochen, die sie haben können. Einige von ihnen helfen unser Denken zu vertiefen. Andere scheinen unsere Konzentration zu helfen. Aber ich frage mich, wie eine Reihe von Klängen das tatsächlich bewirken?

Der Dalai Lama: Die mündliche Wiederholung der Mantren ist das wörtliche Mantra. Während wir das Mantra wiederholen, sollten wir auch seine Bedeutung bedenken, die tiefer als der bloße Klang ist.

Wie diese Art der Rezitation solche Wirkung hervorbringt, ist schwer zu erklären. Ich denke, wenn wir Mantren auf rechte Weise rezitieren, vermehren wir die Stärke unserer positiven Energie, unserer Verdienste.

Und dann gibt es natürlich eine Art Segen. Die Mantren wurden durch verschiedenen Kräfte gelehrt, und im Verlauf der Zeit haben viele Menschen dasselbe Mantra praktiziert.

Ich denke, dass die Mantren selbst auf diesem Wege gesegnet werden. Wir zuvor besprochen, können heilige Orte durch heilige Menschen gesegnet werden, und später sind dann diese Orte in der Lage, die Segnungen den Pilgern oder Praktizierenden weiterzugeben. Das gleiche ist mit Mantren möglich.

Wenn sich jemand mit den subtilen Energie-Yogas beschäftigt, und dem Visualisieren der Energiekanäle, dann gibt es eine enge Verbindung zwischen Mantra und dem Energie-Yoga, die benutzt werden kann. Hier jedoch, sind wir von solchen Praktiken nicht betroffen, darum werde ich sie nicht vertiefen. Aber in der Tat kommt die Hauptwirkung der Mantrarezitation in der Praxis des höchsten Yoga Tantra zustande, wo man sich mit den Methoden beschäftigt, die mit den subtilen Energien, Tropfen und Kanälen arbeiten.

Frage: Könnten Sie etwas über Nirvana sagen?

Der Dalai Lama: Lassen Sie es mich erst erreichen. (Seine Heiligkeit tut so, als säße er in höchster Meditation. Das wird mit tobendem Gelächter begrüßt).
Die Sache ist die, nachdem wir die letztendliche Verwirklichung erlangt haben, verändert sich unser inneres Verhalten gegenüber den Phänomenen vollständig.
Gegenwärtig sind wir beherrscht von Anhaftung, Abneigung, Angst und der Unzahl negativer Gedanken und Emotionen. Gemäß unserer negativen Gedanken, können wir die tatsächliche Wirklichkeit nicht sehen oder verwirklichen. Da gibt es eine Art Einfärbung unserer Wahrnehmung, und darum können wir die Dinge nicht einfach so sehen, wie sie sind.
Gemäß unserer Unwissenheit, die nach wahrer Existenz greift, erscheint alles, als existiere es aus sich selbst heraus; als eine sehr starke, solide Erscheinung, mit dem Objekt der Wahrnehmung darauf projiziert.
Wenn wir Nirvana erreichen, sind diese negativen oder verdrehten Geisteszustände vollständig gereinigt. Als Ergebnis davon, ist unser gesamtes Verhalten gegenüber den Phänomenen anders.

Frage: Aber reagieren sie noch auf die Phänomene?

Der Dalai Lama: Es gibt immer noch den Unterschied zwischen gut und schlecht, negativ und positiv. Demzufolge können wir fühlen, das ist etwas Gutes und das etwas Schlechtes.
Es gibt verschiedene Erleuchtungsstadien, verschiedene „Erleuchtungen". Die höchste von ihnen ist die Buddhaschaft, bei der sogar Er-

scheinungen wahrer Existenz ferngehalten werden.
Wir können fühlen, dass es eine Möglichkeit gibt solche Dinge zu erlangen. Zum Beispiel, können wir sehen, wie sich unser Geist verändert hat, seit unserer Kindheit, durch sein Wachstum in Kenntnis und Verständnis. Als Konsequenz davon hat sich unser Verhalten geändert. Genauso ist es, wenn wir beständig über einen Zeitraum von mehreren Jahren auf die Leerheit meditieren, dann werden wir in der Lage sein, dasselbe Wachstum unserer spirituellen Vorstellung zu beweisen, wie wir es in unserem weltlichen Wachstum vom Kind zum Erwachsenen beweisen konnten. Mehr Zeit, mehr Anstrengung und, kein Zweifel, mehr Erfahrung wird folgen.
Einstmals, ich glaube in den späten sechziger oder frühen siebziger Jahren, meditierte ich recht intensiv auf die Leerheit.
Eines Tages stieß ich zufällig auf eine Belehrung von Je Tsongkhapa, wo er sagte: „Die Sammlung der Aggregate ist nicht das Selbst, noch ist das Selbst die Kontinuität der Sammlung der Aggregate." Als ich diese Behauptung las, wurde mir recht Angst.
Tatsächlich war dies eine Erklärung über die Essenz einer der Belehrungen des indischen Meisters Nagarjuna:

Eine Person ist nicht das Erdelement,
Noch das Wasserelement, noch das Feuerelement,
Noch das Windelement.
Zur gleichen Zeit gibt es keine Person
Getrennt davon.

Der Text sagt auch, dass wenn wir analytisch nach der Essenz eines Dinges suchen, ist diese Essenz nicht auffindbar.
Als Ergebnis dieses Augenblicks der Inspiration, gewann ich eine kleine Verwirklichung, und während der nächsten Tage bemerkte ich eine Transformation, ein anderes Gefühl, oder Verhalten gegenüber den Phänomenen.

Frage: Kann man eine innere spirituelle Erfahrung haben, ohne dass man sich mit den formalen Übungen beschäftigt hat? Ich denke an einen kleinen bekannten Fall von Younghusband, der anscheinend eine tiefe spirituelle Erfahrung in Lhasa hatte. Zu einer Zeit, in der er

nur vierzig Jahre alt war, und einer der vielversprechendsten jungen Offiziere in der Britischen Armee. Er trat aus dem Militärdienst aus, gründete seine Organisation „Gesellschaft für Spirituelle Erleuchtung", und widmete sich für den Rest seines Lebens dieser Sache.
Ist es nicht manchmal möglich, auf Grund einer inneren Motivation oder eines Schocks im eigenen System, eine plötzliche Vorbereitung für intensive Meditation zu schaffen, ohne durch diese vorbereitenden Meditationen zu gehen?

Der Dalai Lama: Das ist möglich. Doch gemäß der Buddhistischen Erklärung ist diese Möglichkeit nicht die Folge von Anstrengung oder Fähigkeit, nicht zurückzuführen auf unmittelbare Umstände, sondern dahinter stecken einige andere Dinge. Vollkommene Vorbereitung ist da, doch es hat auf eine Gelegenheit gewartet. Wenn die Gelegenheit kommt, gebiert die Vorbereitung die Frucht.

Frage: Ihre Heiligkeit, was genau ist Tantra? Und gab es das zu Zeiten Buddhas, oder kam es später?

Der Dalai Lama: Es gibt ein Glaubenssystem, demzufolge die innere Mahayanalehre nicht als direkte Lehre Buddhas betrachtet wird. Es gibt auch eine allgemeine Sichtweise, dass Tantra viel später kam.
Andererseits, wenn jemand Mahayana nicht als authentische Lehre Buddhas akzeptiert, dann ist sogar Buddhaschaft selbst fragwürdig. Darum wird man mehr oder weniger beschließen müssen, dass Mahayana eine authentische Lehre Buddhas ist.
Die Schwierigkeit ist die, dass der Buddha Mahayana einer ausgewählten Zuhörerschaft gelehrt hatte, und nicht bei öffentlichen Anlässen. Eine Zeit lang blieb es eine geheime Lehre. Tantra ist noch geheimer. Die Wende zur öffentlichen Verbreitung dieser schwierigen Ebene der Lehre hat auch etwas mit dem Zeitpunkt der karmischen Reifung der auszubildenden Praktizierenden zu tun, das ist, die spirituelle Entwicklung der buddhistischen Zivilisation. Es ist dennoch nicht notwendig, die Entstehung des Mahayana und Tantrayana auf die historische Zeit von Buddha Shakyamuni zu beschränken. Im Mahayana heißt es, dass obwohl Buddha Shakyamuni gestorben ist, er dessen ungeachtet immer noch als lebend angesehen wird.

Es gibt viele Geschichten von Menschen, die direkte Belehrungen von Buddha erhalten haben. Historisch gesehen, ging Buddha niemals nach Tibet, doch in Wirklichkeit gab es viel Gelegenheiten, in denen bestimmte Tibeter, mit tiefer Erfahrung, den Buddha in ihrem visionären Zustand sehen konnten. Sie konnten direkt Belehrungen von Buddha erhalten, während sie dort in einem Zustand der Meditation saßen.

Um die verschiedenen Ebenen der Lehre zu lehren, erschien der Buddha seinen Schülern in verschiedenen Formen. In einigen Fällen erschien er als Mönch, in anderen als Buddha Vajradhara. Er erschien auch in Form verschiedener Mandalagottheiten, und dergleichen.

Frage: Meine Frage handelt von dem *Madyamaka*-System der Buddhistischen Philosophie und deren Lehre über die Leerheit. Gibt es da einen Weg des direkten Wahrnehmens der Leerheit, ohne die Meditation besonderer Einsicht zu praktizieren?

Der Dalai Lama: Um die Weisheit zu entwickeln, welche die Leerheit wahrnimmt, ist es nicht zwingend notwendig, besondere Einsicht oder formales meditatives Vertieftsein zu entwickeln. Das ist eine völlig andere Sache. Es ist wahr, dass die Meditation besonderer Einsicht, verbunden mit meditativem Vertieftsein sehr nützlich ist, doch es ist nicht der einzige Weg.

Die tatsächliche Erfahrung der Leerheit im Anfangsstadium, die frische Verwirklichung der Leerheit, muss von einem Denkprozess her kommen. Es ist nicht nötig, in all diese unterschiedlichen formalisierten Beweisführungen einzutauchen wie sie erklärt worden sind, aber man muss die Anfragen verwenden und zuerst ein Verstehen durch Schlussfolgerungen gewinnen, das später zu direkter Erfahrung führen kann.

Frage: Meine Frage bezieht sich auch darauf. Objektiv gesagt, Sie sagten, dass Selbstlosigkeit existiert. Ich sehe hier einen Widerspruch in dem Sinne, dass das Subjekt immer noch das Selbst erfährt. Und zweitens, unter welchen Bedingungen wird das Traum-Bewusstsein sich außerhalb der Wirklichkeit bewegen?

Der Dalai Lama: Lasst uns Ihre zweite Frage behandeln.
Wenn wir über Traum-Bewusstsein und den Traumkörper sprechen, dann sprechen wir von einer sehr unterschiedlichen Art von Erfahrung. Diese Art von Körper ist autonom, unabhängig von dem physischen groben Körper. Wir bedienen uns hier einer grundverschiedenen Ebene.
Dieser Traumkörper kann tatsächlich alltägliche Wirklichkeit sehen. Während des Tages, kann der Traumkörper einer Person die Tageszeit sehen und nachts die Nachtzeit.

Frage: Wie verhält es sich mit Wahrträumen?

Der Dalai Lama: Das ist nicht außergewöhnlich für den Traumkörper. Der besondere Traumkörper kann nach Belieben von diesem physischen Körper weggehen. Das ist etwas sehr Besonderes. Einige Jahre zuvor, traf ich bei einigen Gelegenheiten jemanden, der Erfahrungen in dieser Art von Kraft hatte, nicht auf Grund der Praxis, sondern auf Grund karmischer Saat aus früheren Leben. Die Person fühlte sich sehr unbehaglich damit, und fragte mich um Rat. Es schien so, dass er während des tiefen Schlafes, überall herumreiste, viele Leute und Ereignisse aus der wachen Welt bezeugte, viele von ihnen in einer beachtlichen Entfernung.
Zu ihrer Frage über Meditation auf die Leerheit, wenn wir über die Leerheit wahrer Existenz sprechen, unterscheiden wir nicht zwischen Objekt und Subjekt. Beide sind ohne wahre Existenz. Wenn wir suchen, können wir nichts finden, weder das wahrgenommene Objekt, noch das wahrgenommene Subjekt, den Geist. Geist kann als Objekt einiger anderer beobachtender Bewusstseinszustände genommen werden. In diesem relativen Kontext wird es zum Objekt. An dieser Stelle, wo wir nach ihm suchen, werden wir es nicht finden, geradeso, wie wir kein Subjekt finden werden.
Der letztendliche Grund für die Verneinung wahrer Existenz ist, dass die Essenz der Dinge unauffindbar ist, wenn wir danach suchen. Das ist der letztendliche Sinn.
Aus diesem Grund müssen wir auf der herkömmlichen Ebene einfach akzeptieren, das dies Blume ist, dies Mann, dies ein Inder, dies ein Tibeter und so weiter. Wir akzeptieren einfach herkömmliche Phänome-

ne, und da gibt es kein Problem auf der herkömmlichen Ebene. Doch wenn wir weitere Fragen stellen wie: „Wer bin ich? Was ist das Wesen? Was ist das Selbst?", dann können wir von diesem Standpunkt aus nichts finden.

Frage: Und was ist mit Bewusstsein?

Der Dalai Lama: Ja, aber was ist Bewusstsein? Wir empfinden Bewusstsein, wir haben ein Erkenntnisvermögen, das wir Bewusstsein nennen.
„Heute ist mein Geist träge." „Heute ist mein Geist klar." Wir können das ohne Nachforschung sagen, ohne Scharfsinn; in diesem Falle funktioniert der Prozess.
Aber wenn wir wirklich nach einem Subjekt, als einem Bewusstsein suchen, können wir nichts finden.
Wir können sagen: "Das ist mein Finger, er ist sehr nützlich." So etwa. (Es folgt eine Demonstration mit viel Gelächter.) Niemand streitet auf dieser Ebene.
Ich sehe tatsächlich die Farbe meines Fingers, und seine Form. Aber was ist ‚Finger'? Ist es Farbe, oder die Substanz von Haut, Blut oder Knochen? Was ist ‚Finger'?
Wenn wir Teile analysieren, die Teile der Finger, verschiedene Substanzen, dann können wir ‚Finger' nicht finden.
Die *Chittamatra*-Schule sagt, das das Ding, nach dem du suchst, nicht existiert, aber dass die Person, die das herausfindet, wirklich existiert.

Frage: Weshalb ist Tara mit der Langlebenspraxis verbunden?

Der Dalai Lama: Wie Avalokiteshvara als Verkörperung des Mitgefühls gesehen wird, und Manjushri die Verkörperung der Weisheit, so wird Tara als die Verkörperung subtiler Energien oder Winde gesehen. Für das lange Leben einer Person, ist die Kontinuität der inneren Energien sehr wichtig.
Ich denke es gibt eine Verbindung zwischen diesen beiden, weil es einige Praktiken zur Verlängerung des Lebens gibt, bei denen man sich auf die subtilen Energien konzentriert.
Wenn ich sagte, Tara sei gut für die Überwindung von Krankheiten,

dann sprach ich im Zusammenhang mit den fünf Gottheiten, die ich früher erklärt habe.

Für Heilmeditationen im Allgemeinen, ist die Tradition des Medizin Buddha eine sehr wichtige. Das ist genau ihr Zweck.

Wenn wir uns damit beschäftigen, Tara zu visualisieren, stellen wir uns einen Mantrakreis in ihrem Herzen vor. Lichtstrahlen treten aus dem Kreis hervor und lösen sich in unserem Körper auf. Dann konzentrieren wir uns mit besonderer Kraft auf die Stellen, an denen wir krank sind. Die Lichtstrahlen sind heiß oder kalt, abhängig von der Art der Krankheit.

Frage: Symbolisieren diese Gottheiten verschiedene Aspekte von Buddha?

Der Dalai Lama: Hierzu gibt es zwei Arten von Verständnis. Eine Art die Situation zu betrachten ist, dass diese Gottheiten verschiedene Aspekte der Qualitäten Buddhas sind. Die andere Idee ist, dass die Gottheit die Methode symbolisiert, die uns zur Erleuchtung führt, und auch die Erleuchtung symbolisiert, die wir kultivieren. Dann, wenn wir Erleuchtung erlangen, werden wir zu der Gottheit.

In diesem Sinne sind die Tara Gottheit, Avalokiteshvara Gottheit oder Manjushri Gottheit, verschiedene Wesen von Buddha Shakyamuni. Aber in einem anderen Sinne, sind sie verschiedene Aspekte des einen Buddha.

Frage: Ihre Heiligkeit erzählte uns, dass die Bedeutung des Wortes Mantra *„Schutz des Geistes"* ist, dass es in seiner Essenz positiv, kreativ ist.
Aber manchmal hört man Geschichten über Menschen mit schlechten Intensionen, die Mantren gebrauchen, um anderen zu schaden. Ist das möglich?

Der Dalai Lama: Die Möglichkeit besteht. Tantra, oder Mantra, umfassen die vier Arten mystischer Handlungen: Befriedung, Ausdehnung, Kraft und Zorn. Es ist möglich, dass diese missbraucht werden. Es gibt viele Arten von Praktizierenden. Sicherlich sind einige ohne tiefe Konzentrationskraft, andere sind ohne selbstloses Streben nach

höchster Erleuchtung, und wieder andere sind ohne Verständnis von Leerheit. Einigen mangelt es an allen drei Qualitäten. Es ist möglich, dass einige wenige bestechlich werden, und mit Hilfe einer Art von Technik Schaden zufügen.
Aber diese Art von Kraft ist eher begrenzt.

Frage: Sollte man in diesem Fall das Wort Mantra benutzten? Es könnte seine Bedeutung verlieren, seine Tragweite.

Der Dalai Lama: Solch ein Gebrauch des Wortes, würde nicht die Bedeutung von Mantra als *„Schutz des Geistes"* haben.
Mantren werden für viele verschiedene Praktiken genutzt.
Es gibt auch viele Arten von Mantren. Zum Beispiel gibt es solche, die von Buddha Vajradhara erläutert, und in den tantrischen Abhandlungen aufgeschrieben sind. Dann gibt es bestimmte Arten von Mantren, die den Menschen von samsarischen Gottheiten übermittelt wurden. Allgemein gesagt, ist es sehr schwierig, zwischen nicht-buddhistischen und buddhistischen Mantren zu unterscheiden. Unterscheidung muss von dem Standpunkt aus gemacht werden, ob gegensätzliche Faktoren der Weisheit existieren oder nicht; einer Weisheit, welche die Leerheit und das selbstlose Verhalten verstehen, das Streben, Erleuchtung erlangen zu wollen, zum Wohle aller fühlenden Wesen. Es ist schwierig diese Unterscheidung vom Mantra selbst aus zu treffen. Man muss das aus dem lehrmäßigen Kontext heraus sehen.
Allgemein heißt es, dass die unterschiedlichen Formen von Gottheiten, Mandalas und Mantren, die auf der Theorie eines Selbst (*atma*) gründen, nicht-buddhistische Tantras sind. Jene Gottheiten, Mandalas und Mantren, die von ihrer Essenz her auf der Theorie der Selbstlosigkeit (*anatma*) gründen, von den buddhistischen Tantren stammen.

Frage: Ihre Heiligkeit, in der *Madyamaka*-Schule und ihrer Idee der Leerheit, scheint es mir, dass darin eine Gefahr liegt. Die Konsequenz könnte der Gedanke sein: „Nun gut, das ist wirklich ohnehin nichts, warum sollte ich mich dann überhaupt für irgendetwas anstrengen!"

Der Dalai Lama: Wie wir früher erörtert haben, zu aller Erst müssen

wir unterschieden zwischen herkömmlicher Existenz und nicht-inhärenter Existenz. Lasst uns über die Argumentation abhängigen Entstehens sprechen. Das mag uns eine Antwort geben.
Gewöhnlich weist abhängiges Entstehen auf eine Art Bedingtheit hin. Um das zu verstehen, muss man verstehen, wieso Abhängigkeit und Unabhängigkeit direkt entgegengesetzte Phänomene sind, und die Mitte ausschließen. Es gibt nichts, das keines von beiden ist.
Nimmen sie das Beispiel Blume und nicht-Blume, die direkte Gegensätze sind. Jedes Phänomen sollte entweder Blume oder nicht-Blume sein. Es gibt keine dritte Art der Existenz.
Andererseits, nimmen sie das Beispiel von Blume und Tisch. Obgleich sie gegenseitig ausschließlich sind, gibt es Dinge, die keines der beiden sind. Es gibt eine Mitte.
Genauso ist unabhängig und abhängig zu sein direkt gegensätzlich. Es ist ganz klar, dass solche Phänomene, die Produkte von Ursachen sind, in ihrer Existenz von ihren Ursachen und Bedingungen abhängen. Ebenso, wenn es ein Ganzes ist, dann ist es offensichtlich, dass es von seinen Teilen abhängt. So lange das Phänomen seine Qualität von Form behält, würde es immer seine Richtungsteile haben.
Dinge, die keine Qualität der Form haben, wie Bewusstsein zum Beispiel, haben Teile verschiedener Momente, wie früher und später.
Machen sie den Versuche und denken sich ein Phänomen als Teilelos. Physikalisch kann man bis zu der subatomaren Ebene gehen, wo es schwerlich eine Möglichkeit weiterer Teilung von Teilchen gibt. Aber immer noch würde es Richtungsteilchen geben. Es gibt keine Teilelosigkeit.
Wenn es ein Teil gäbe, das kein Richtungsteil hätte, wie könnte dann jemand sagen, dass ein Gegenteil solcher Teile, ein Ganzes produzieren könnte? Wenn es ohne Richtungsteil wäre, dann müsste, was auch immer den Osten ansieht, auch den Westen ansehen. Es gäbe keine Möglichkeit, Gegenteile von solchen Quellen zu fertigen.
Die Werke der *Madyamaka*-Schule verneinen die Theorie teileloser Phänomene vollkommen. Die Existenz eines jeden Phänomens hängt von seinem eigenen Teil ab.
Eine andere Art Abhängigkeit ist, dass nichts auffindbar ist, wenn wir analytisch nach seiner Essenz suchen. Dinge hängen von ihrer Leerheitsqualität ab.
Wenn wir mit bloßer herkömmlicher Erscheinung zufrieden sind,

dann ist alles in Ordnung. Aber wenn wir nicht mit der bloßen herkömmlichen Erscheinung zufrieden sind, und stattdessen nach einer Essenz suchen, eine Art Rechtfertigung von der Seite des Objektes aus, dann finden wir nichts.

Wenn wir schließlich an den Punkt kommen, an dem wir erkennen, das nichts auffindbar ist, taucht die Frage auf, ob das darauf hinweist, dass die Dinge überhaupt nicht existieren.

Aber um daraus zu schließen, dass überhaupt nichts existiert, widerspricht unser eigenes Experiment, da unsere Erfahrung zeigt, dass da eine Person ist, welche die Essenz nicht gefunden hat, aber die dennoch die letztendliche Unauffindbarkeit der Dinge gefunden hat.

Das gültige Erkenntnisvermögen, das die Person erfahren hat, welche die Essenz gesucht hatte aber statt der Essenz nur die Unauffindbarkeit der Dinge gefunden hat, würde der Behauptung widersprechen, dass Dinge überhaupt nicht existieren.

Darum sind Dinge da. Wenn wir uns aber damit beschäftigen, können wir sie nicht finden. Sie existieren, aber nur auf der Grundlage der Unterstellung. Sie hängen ab von nominalen Bezeichnungen.

Egal in welcher Art wir die Dinge betrachten, sie zeigen immer die Charakteristik der Abhängigkeit. Sie hängen von ursächlichen Faktoren ab, von Teilen, oder vom Bewusstsein, das die Bezeichnung vergibt. Das sind die drei Arten von Abhängigkeit.

Man muss Erscheinungen untersuchen. Fragen sie sich selbst: "Was ist die tatsächliche Natur dieses Phänomens, und wie erscheint es mir?" Dann prüfen sie ob die Art wie das Ding erscheint, mit der Art wie es existiert, übereinstimmen. Decken sie sich, oder nicht?

Wir bemerken, dass es eine Lücke gibt, zwischen der Art wie die Dinge erscheinen und der Art wie sie tatsächlich existieren.

Es gibt zwie Fassetten zu diesem Aspekt des Geistes.

Die erste ist die Qualität, eine Art Geist zu sein, der für sein Auftauchen die Bestätigung der Erscheinung wahrer Existenz erbittet. Das heißt, er hängt für sein Auftauchen von der Bestätigung einer projizierten Erscheinung ab, vielleicht beeinflusst von Ärger oder starker Anhaftung. In dem Moment, wo wir Anhaftung oder Ärger empfinden, ist da nicht nur Erscheinung, sondern auch eine Art Bestätigung, und wir akzeptieren, dass es einhundert Prozent positiv ist und fühlen uns angezogen, oder einhundert Prozent negativ, und fühlen uns abgestoßen.

Wenn wir einen Feind sehen, der ein einhundertprozentiger Feind ist, dann sollte er jedermanns Feind sein. Doch mein Feind, könnte der beste Freund von anderen sein.

Der Feind ist nicht einhundert Prozent negativ. Das war nur ein Produkt der Übertreibung, als Ergebnis eines Gefühls starken Nichtmögens. Alle negativen Gedanken müssen diese Art Bestätigung haben. Positive Gedanken haben sie nicht.

Leerheit ist kein Subjekt, das jemand mit Kenntnis erklären kann, und jemand anderer wird es dann auf der Stelle verstehen. Es ist nicht wie das Zeigen auf einen Wagen, und die andere Person sieht und versteht. Hier müssen Kenntnis des Subjektes und die eigene innere Erfahrung zusammenwachsen.

Das bringt auch die Zeit mit sich. Man kann die innere Erfahrung nicht innerhalb von Tagen oder Wochen gewinnen. Es kann sogar Jahre der Konzentration und des Experimentierens dauern. Dennoch, schrittweise wird das Thema immer klarer.

Der Bodhisattva Vajrapani

Die grüne Tara

ANHANG

Eine Tantrische Meditation, für Anfänger vereinfacht

Von Tenzin Gyatso, dem 14. Dalai Lama

A. Vorbereitung für die Sitzung

Die Meditation sollte an einem ruhigen, angenehmen Ort abgehalten werden, oder in einem Teil ihres Wohnsitzes, der dafür geeignet ist. Beginnen sie, indem sie den Praxisraum mit Bedacht ausfegen und säubern.

Auf dem Tisch, den sie als Altar benutzen, sollten sie sowohl ein Bild oder eine Statue von Buddha aufstellen, als auch von den drei Boddhisattvas, welche die drei essentiellen Buddha-Merkmale versinnbildlichen: Avalokiteshvara (Mitgefühl), Manjushri (Weisheit) und Vajrapani (Energie oder rechtes Handeln), ebenso Arya Tara, welche die Aktivität aller Buddhas symbolisiert. In dieser Weise wird die Buddha-Form dargestellt.

Dazu legen sie auf der Rechten Seite der Versammlung, die Kopie eines heiligen Textes, vorzugsweise eine der Prajnaparamita Sutras, um Buddhas Rede zu symbolisieren.

Schließlich stellt man eine Miniatur-Stupa (Reliquienschrein) auf die linke Seite der Versammlung, um Buddhas Geist zu symbolisieren.

Wenn der Text von Prajnaparamita nicht verfügbar ist, kann jegliches Buddhistisches Sutra vertreten sein. Ähnlich ist es mit den Bildern oder Statuen, wenn sie schwierig zu beschaffen sind, genügt einfach die Statue von Buddha.

Selbst das ist nicht unentbehrlich. Das einzig absolut Notwendige ist ein passender Geisteszustand.

Als nächstes stellt man Opfer auf. Diese sollten reines Wasser beinhalten, Blumen, Räucherwerk, Licht, Essen und Klang. Sie sollten so elegant wie möglich aufgestellt werden, um tief empfundenen Respekt und Anerkennung zu bezeigen.

Wenn alles vorbereitet ist, setzt man sich mit gekreuzten Beinen auf ein Kissen, nach Osten gerichtet, in der Vajra-Position (beide Füße im Schoß zusammengelegt) oder in der halben Vajra-Position (ein Fuß nach oben gelegt, den anderen unter den Körper gezogen). Wenn beide Haltungen zu schwierig sind, versuchen sie eine davon für eine kleine Weile anzunehmen, und dann sitzen sie in egal welcher Haltung, die ihnen angenehm ist.

B. *Die vorbereitenden Meditationen*

Nun denkt man nach: „Unsere körperlichen Handlungen sind gut, schlecht oder indifferent, entsprechend unseres Geisteszustandes. Daher kommt Geistestraining vor allem anderen.

Nun, da wir uns des Glückes erfreuen, als Mensch geboren zu sein, entsprechend ausgestattet mit größerer Denkkraft und Leistung als andere Wesen, wie traurig wäre es, sollten wir unsere Lebenszeit damit verbringen, uns in diesem Leben nur um Freude zu bemühen.

Wenn diese Bemühung wirklich zu dauerhafter Freude führen würde, dann wären unter den vielen Menschen in dieser Welt, ausgestattet mit Kraft, Wohlstand und Freundschaft, sicherlich einige gesegnet mit einem hohen Maße wirklicher und bleibender Freude. Doch in Wirklichkeit – obwohl es tatsächlich in Ausmaß und Intensität genossener Freude verhältnismäßige Unterschiede gibt – ist jeder einzelne von uns, ob Regent oder Krieger, Reicher, Mittelschichtler oder Armer, Gegenstand aller Arten physischen und mentalen Leidens, besonders der Qualen des Geistes ausgesetzt."

Man führt diese Überlegung weiter, indem man in sich selbst die Gründe von Leiden und Freude suchen.

Erfährt man dann die Natur dieser Ursachen ganz und gar, wird man den Geist in seinem letztendlichen Leidensgrund erkennen, und auch sehen, dass da Hilfsfaktoren sind, welche die Unreinheiten des Geistes entweder vermehren oder verringern. Diese Unreinheiten können entfernt werden; und wenn der Geist dann stabilisiert ist, kann er in einen erleuchteten Geist transformiert werden, der die Fähigkeit besitzt mit dem Hinderniswachstum fertig zu werden.

Kontempliert man in dieser Weise einige Zeit, erzeugt man stufenweise das Gefühl dafür, dass es so ist.

Es ist lebenswichtig die Ursachen für Leiden zu beseitigen und die Ursachen für Freude zu erwerben.
Dennoch, um jegliche Art von dauerhafter Freude zu erzielen, müssen wir ihre Ursachen fleißig ansammeln, und um Leiden zu beseitigen, müssen wir geeignete Mittel benutzen, das Erscheinen seiner Ursachen zu vermeiden.
Diese beiden Zielsetzungen können nur erfüllt werden, indem man die wahren Ursachen von Freude und Leiden vollständig erkennt.
Um diese beiden Zielsetzungen zu erfüllen, ist es nützlich, sich auf das Buddhadharma zu verlassen und äußerstes Vertrauen zu zeigen, ein Vertrauen, welches seine Stärke aus der gründlichsten Analyse gewinnt, unternommen im Licht der Untersuchung und der Begründung.

C. Zufluchtnehmen

Dann rezitiert man diese Worte im Geiste:
Ich nehme Zuflucht zu den Buddhas, den vollkommen Erleuchteten, welche die Wesen führen, indem sie ihnen die reinen, wahren Lehren des Dharma auslegen, die Frucht der höchsten Weisheit, gewonnen aus ihrer direkten Erfahrung.
Ich nehme Zuflucht zum Dharma, das die volle Transzendenz aller Leiden gewährt, und uns zu wahrer Freude führt; denn Dharma bedeutet zugleich: Die Beseitigung aller Negativität und die Erfüllung aller kreativen Qualitäten, als Ergebnis gesunden Denkens und Handelns, das durch Körper, Rede und Geist arbeitet.
Ich nehme Zuflucht zur Sangha, der höchsten Versammlung, deren Füße sicher auf dem Pfad zur Erleuchtung sind. Auf sie setze ich mein unerschütterliches Vertrauen für den spirituellen Beistand, den ich benötige.

D. Die Visualisation

Im Raum vor ihrer Stirn, visualisieren sie einen prächtigen Thron. Auf diesem sitzt Buddha Shakyamuni, die Beine in der Vajra-Position. Seine rechte Hand in der Geste, die die Erde zum Zeugen anruft. Auf diese Weise zeigt er nach unten, mit den Fingerspitzen berührt er den Sitz auf dem Thron.

Seine linke Hand hält eine Schale, gefüllt mit Weisheitsnektar, die Handfläche auf der Höhe seines Nabels.
Buddha Shakyamuni wird ein wenig größer visualisiert, als die anderen Mitglieder der heiligen Versammlung. Er scheint mit goldenen Strahlen.
Auf jeder Seite des Thrones, und ein wenig nach vorne, stehen Shariputra und Maudgalyayana, die beiden Hauptschüler Buddhas, jeder von ihnen hält in seiner rechten Hand einen Metallstab und in seiner linken Hand eine Schale.
Der Buddha und seine beiden Schüler sind als Mönch gekleidet.
Zur Rechten des Buddha ist Avalokiteshvara, mit weißem Körper. Er sitz auf einem Lotusthron, Handfläche auf Handfläche vor seinem Herzen zusammengelegt.
Auf der rechten Seite, ebenfalls auf einem Lotusthron, ist Manjushri, sein Körper in goldener Farbe. Er hält ein Schwert der Weisheit in seiner rechten Hand, und einen heiligen Text in seiner linken Hand.
Vor dem Buddha, auf einem Lotuskissen ist Vajrapani, in dunkelblauer Farbe, er hält einen Vajra in seiner rechten Hand, und mit seiner linken Hand zeigt er die Drohgeste.
Hinter dem Buddha, ebenfalls auf einem Lotuskissen sitzend, ist Arya Tara, von smaragdgrüner Farbe. Ihre rechte Hand in der Geste der Wunschgewährung, und ihre linke Hand hält einen blauen Lotus, während sie die Geste der Zufluchtsgewährung offenbart.
Alle vier, dieser Boddhisattvafiguren befinden sich auf einem Lotusthron. Sie alle tragen seidene Gewänder und Juwelenschmuck. Ihre Körper strahlen Licht und Leben aus.
Auf der rechten Seite dieser heiligen Versammlung ist ein Stapel heiliger Texte, welche die Essenz der Lehren beinhalten, der den wahren Pfad zur Erleuchtung und die wahre Beendigung der Leiden symbolisieren.
Zur Linken der Versammlung ist eine prächtige Stupa, sie symbolisiert die höchste Weisheit aller Buddhas.
Sie sollten die visualisierte Versammlung als die wahre Essenz aller Zufluchtsobjekte betrachten.
Nun visualisieren sie ihren Vater und ihre männlichen Verwandten, eingeschlossen jene, die kürzlich verstorben sind, zu ihrer Rechten sitzend. Ihre Mutter und alle weiblichen Verwandten, zu ihrer Linken

sitzend. Ihre Feinde sitzen vor ihnen, und jene, die sie hochschätzen, sitzen hinter ihnen.

Darum herum befinden sich alle Wesen des Universums. Sie werden in der Erscheinung von Menschen visualisiert.

In ihrem Geist sehen sie diese große Menge an Menschlichkeit, die mit ihnen zusammen in gespannter Konzentration die Worte der Zuflucht rezitieren.

Man kontempliert die Tugenden des höchsten Körpers, der höchsten Sprache und des höchsten Geistes der visualisierten Versammlung, und Lichtstrahlen gehen von ihnen aus. Sie fallen auf die innere Menge von Lebewesen, sowohl auf sie selbst, als auch auf die um sie herum.

Sie sollten sich vorstellen, dieses Licht würde sie und all die anderen von jedem spirituellen Makel und Hindernis reinigen.

Dann rezitieren sie mit tief empfundener Aufmerksamkeit, diese Worte einundzwanzig mal, oder so oft wie möglich: *namo Buddhaya, namo Dharmaya, namo Sanghaya*.

Danach wenden sie ihren Geist zu den Wesen um sie herum, die geradewegs sind wie sie. Sie wollen dauerhaft Freude, versäumen es jedoch ständig, die Ursachen dafür hervorzubringen; sie sehnen sich danach, vor immer gegenwärtigem Leiden verschont zu werden, doch bringen es nicht fertig, von ihren Ursachen abzulassen.

Erkennen sie klar, dass Leiden niemals enden wird, ehe seine Ursachen nicht gelöscht sind. Weit entfernt jeglichen Abnehmens, wird es ihnen für immer bleiben, bis sie von seiner Ursache ablassen.

Wie die Ursache des Leidens beseitigt wird, ist nicht leicht zu entdecken. Dennoch, sie haben begonnen, ein kleines Stück vorwärts zu gehen, indem sie nachforschen, was zu behalten und was aufzugeben ist.

Sie mussen fleißig praktizieren und an Erfahrung zunehmen, bis sie die gesamte Transzendenz und die Größe entdeckt haben, essentiell für die Freude und die Zufriedenheit der lebenden Wesen, die sie umfassend zu hegen gelernt haben.

Mit diesen Wellen der Gedanken im Ozean ihres Geistes, singen sie folgenden Vers:

An die Buddhas, das Dharma und
Die Höchste Versammlung,

Wende ich mich zur Zuflucht, bis Erleuchtung erlangt ist.
Durch die Stärke meiner Übungen, wie die sechs Vollkommenheiten,
Möge ich Erleuchtung erlangen, für das Wohl aller.

Als Nächstes konzentrieren sie sich auf die Zufluchtsobjekte, die sie vor sich visualisiert haben. Opfern sie das Gebet der Sieben Zweige in ihrer vorgestellten Gegenwart. Diese sieben Zweige sind folgende:
Der erste Zweig ist die Verbeugung. Hier erinnert man sich wieder an die Zufluchtsobjekte und erweist ihnen Verehrung. Man kann ihnen entweder eine volle Verbeugung opfern, den Boden mit Armen, Stirn und vollkommen ausgestrecktem Körper berührend; oder eine halbe Verbeugung, den Boden mit Stirn, Ellbogen, Knien und Zehen berührend; oder indem man einfach die Handflächen zusammenlegt, den folgenden Vers singt und dabei den Geist in konzentrierter Verehrung hält:

Zu den erleuchteten Wesen der Drei Zeiten,
Und zum Dharma und zu der Höchsten Versammlung
Huldige ich ehrfurchtsvoll und tief empfunden,
Mit einem Geist, erfüllt mit Freude.

Der zweite Zweig besteht im Opfern. Wir visualisieren, dass wir alle materiellen Dinge opfern, zusammen mit allen reinen und natürlich schönen Phänomenen der Welt. Wir nehmen sie in unseren Geist auf und opfern sie der visualisierten Versammlung, zusammen mit folgenden Worten:

Wie Manjushri und die anderen Boddhisattvas
Zahllose Opferungen an alle Buddhas darbrachten,
So bringe nun ich Opfer dar,
Den Buddhas und der Menge der Boddhisattvas.

Der dritte Zweig ist das Schuldbekenntnis unserer Versäumnisse und Fehler, sowohl dieses Lebens, als auch die aller vorherigen Leben. Reflektieren sie über die Ursache unseres Leidens, sie sind negatives Karma und Täuschungen. Von ihnen ist Täuschung der größere Feind, da es die Täuschungen sind, die unsere negatives Karma ins Le-

ben rufen. So bringen sie Elend über jedes Lebewesen.
Diese Täuschungen, die mentalen Verunreinigungen, welche die fürchterlichsten Schäden anrichten, sind die wahrhaften Feinde aller Lebewesen.
Da wir so lange und beständig unter der Kraft dieses großen Feindes verblieben sind, haben wir sicherlich einen gefährlichen Vorrat an negativem karmischen Instinkt aufgetürmt, der, wenn wir nicht heilende Maßnahmen ergreifen, uns wirklich eine bittere Frucht gebären wird; da unsere karmische Saat sich nicht auflösen, oder aus eigenem Antrieb verfallen kann.
Jetzt ist es an der Zeit, hier in Gegenwart der Zufluchtsobjekte unsere Schwächen aus diesem und den vorhergehenden Leben zu bekennen, und sie zu bedauern. Wir sollten das fortan beschließen, selbst in Träumen, wir sollten keine von ihnen mehr begehen.
Indem sie so reflektieren, wiederholen sie folgende Verse:

Während der anfangslosen Zeit von Samsara,
In diesem und allen vorherigen Leben,
Habe ich zahlloses negatives Karma angesammelt,
Durch mein falsches Verständnis und meine Torheit,
Oft sogar freudig in meinen Irrtümern,
Und sorgenvoll verfallen durch Unwissenheit.
Ich bekenne all diese Vergehen,
Und verbeuge mich vor euch in Demut.

Der vierte Zweig, der des Erfreuens ist der nächste. Man erfreut sich an der Güte und dem Verdienst von sich selbst und anderen.
Die Ursache von Freude ist Güte, die sowohl unmittelbar Nutzen verleiht, als auch Kräfte produziert, die zu großem Nutzen in der fernen Zukunft führen werden. Erfreuen sie sich in der riesigen Fundgrube verdienstvoller Energie vollkommen, gemeinsam mit anderen. Verdienstvolle Energie ist der beste Freund und treuer Schützer aller Wesen.
So reflektierend, sollten sie die folgenden Worte rezitieren:

In diesem höchsten Geisteszustand, der auf alle Wesen scheint,
Jedem fühlenden Wesen Hilfe bringt und nutzt,

Erfreue ich mich tief mit höchster Verehrung.
Ich erfreue mich im Gedanken der Erleuchtung,
Und im Dharma,
Diesem Ozean der Freude für jedes fühlende Wesen,
In welchem das Wohlergehen von allem verweilt, was lebt.

Der fünfte Zweig ist das Gebet, dass die großen Meister das Rad des Dharma drehen mögen.
Man fleht all die erleuchteten Meister an, welche das perfekte Wissen der spirituellen Praxis erlangt haben, das Rad des Dharma, zum Wohle aller Wesen, zu drehen. Diese Bitte wird mit folgenden Versen gesprochen:

Mit gefalteten Händen in der Begrüßungshaltung,
Ersuche ich die Buddhas der zehn Richtungen,
Zu veranlassen, dass die Lampe des Dharma hell erscheint,
Für alle, die inmitten von Leid umherwandern, geschmiedet durch Täuschung.

Als sechster Zweig kommt der, in dem man die Meister bittet, nicht zu sterben, sondern in der Welt zu verbleiben, und für die Entwicklung der Lebewesen zu arbeiten.
Man bedrängt die Buddhas, nicht in das endgültige Nirvana einzutreten, sondern für immer zu verbleiben, die fühlenden Wesen zu schützen. Dies wird gemäß dem folgenden Vers getan:

Mit gefalteten Händen in Begrüßungshaltung,
Flehe ich alle Buddhas an, die daran denken, in das Paranirvana einzutreten,
In dieser Welt zu bleiben, ewig und ohne Ende,
So, dass das Leben nicht im Dunkel verloren geht.

Der siebente Zweig beinhaltet die Widmung der Verdienste.
Hier, mittels der folgenden Verse erbittet man, dass das Verdienst, diese Praxis durchgeführt zu haben, und ebenfalls jegliche verdienstvolle Energie von ihnen selbst und anderen Wesen, in Verlangen verwandelt werden möge, dass alle Lebewesen Freude und vollkommene Erleuch-

tung erlangen mögen.

Möge jedwede verdienstvolle Energie,
Hervorgebracht durch mein mich Einlassen auf diese spirituelle Praxis,
Der Erleuchtung aller Wesen gewidmet sein,
Und mögen sie in jeder Hinsicht beglückt werden.

E. Die Mantrarezitation

Konzentrieren sie sich eine Weile auf Buddha und visualisieren sie die Versammlung.
Wenn sie ein klares Bild von ihnen in ihrem Geist haben, visualisieren sie eine flache leuchtende Scheibe, im Zentrum der Brust eines jeden. Auf jeder Scheibe steht eine symbolische Silbe, oder eine mantrische Keimsilbe, wie folgt: *MUM* für den Buddha; *HRIH* für Avalokiteshvara; *DHIH* für Manjushri; *HUM* für Vajrapani und *TAM* für Tara. Jede dieser symbolischen Silben ist umgeben von dem Mantra. So sind da fünf Mantren. An dieser Stelle der Meditation sollten sie jedes sieben, einundzwanzig oder einhundertundacht mal rezitieren, oder so oft als möglich.
Die Mantren sind folgende:

Om muni muni maha muni ye svaha - das Mantra von Buddha;
Om mani padma hum - das von Avalokiteshvara;
Om wagi shvari mum - das von Manjushri;
Om vajra pani hum - das von Vajrapani;
Om tare tuttare ture svaha - das von Tara.

Um zu zeigen, dass all die äußeren täuschenden Phänomene, in ihrer Natur der Leerheit, dieselben sind, visualisiert man wie folgt: Avalokiteshvara löst sich langsam in Licht auf und verliert sich im Kopf von Buddha. Manjushri löst sich in Licht auf und dann in den Nacken von Buddha. Vajrapani löst sich in seine Brust auf, Tara in seinen Nabel und die beiden Hauptschüler in die zwei Seiten seines Körpers.
Danach sollten sie einzig von Buddha eine klare Visualisation zurück-

behalten. Konzentrieren sie sich so lange wie sie können in dieser Weise.

Danach verwandelt auch der Buddha sich in klares Licht, angefangen von oben und unten, und verschmilzt in die Lichtscheibe im Zentrum seines Herzens. Die Scheibe löst sich in das Mantra auf. Dieses löst sich in die Keimsilbe auf, die es umkreist.

Die symbolische Silbe verwandelt sich in Licht, und nur oben bleibt ein Punkt erhalten. Auch dieser löst sich langsam auf, bis nur noch das formlose klare Licht übrigbleibt.

Fixieren sie ihren Geist für einige Augenblicke in Meditation auf die Leerheit, die Natur aller Erscheinungen.

Als nächstes, um alle relativ existierenden Freuden zu symbolisieren, die hervorspringen und manifest werden – obgleich sie sich in ihrer Essenz der Leerheit gleichen – sollten sie visualisieren, dass die innere Versammlung wie zuvor im Raum vor ihnen wiedererscheint.

Schließen sie die Meditationssitzung in einem Geist der Begeisterung und Freude.

Wenn sie von ihrem Meditationskissen aufstehen, und den vielfältigen Aktivitäten des Tages nachgehen, tragen sie die Vision des Buddha und der Versammlung alle Zeit mit sich. Verschmelzen sie es mit ihren täglichen Handlungen.

Wenn sie ihr Essen einnehmen, opfern sie einen kleinen Teil an Buddha und die Boddhisattvas, als ein Mittel, dass sie an den spirituellen Pfad erinnert.

Wenn sie dann abends schlafen gehen, können sie visualisieren, dass ihr Kopf friedlich im Schoße Buddhas ruht.

So, mit allen Taten und zu allen Zeiten, sollten sie versuchen, Buddha für ihren Zeugen zu halten, und Körper, Rede und Geist immer auf kreative und positive Weise zu benutzen.

Wenn sie diese Praxis einmal am Tag durchführen, zwei mal am Tag (morgens und abends), oder vier mal (morgens mittags, abends und nachts), sollten sie mit kurzen Sitzungen beginnen, und sie dann schrittweise verlängern, den Zeitraum in dem Maße ausdehnen, wie die Reife ihrer Konzentration und Aufmerksamkeit wächst. Wenn sie so praktizieren, gibt es keinen Zweifel, dass viele nützliche Folgen erscheinen.

SARVA MANGALAM!

Index

Akshobya 118
Amitabha 118
Asanga 72
Austausch und Ausgleich von sich mit anderen 42, 43
Avalokiteshvara 54, 56, 79, 98, 113, 118, 120, 133, 134
Avatamsaka Sutra 112
bardo 93
bhikkshu 8
Boddhisattva 38, 53, 55, 60, 98, 113
Boddhisattva-Pfades 45
Boddhisattvas 103
bodhichitta 8, 121
bodhicitta 89
Buddha Shakyamuni 8
Buddhadharma 7, 64
Chittamatra 27
Chittamatra-Schule 28, 122, 133
devas 73
devis 73
Dharma 54, 55, 75, 106, 111
Dharmadhatu 80
Dharmakaya 51, 78
Drei Juwelen 55
Eintritt in den Boddhisattva-Weg 44
Emanationskörper 78
Energie-Yoga 128
Ergebniskörper 60
Formkörper 60
Freudenkörper 78
fünf "allgegenwärtigen" Geistesfaktoren 16
Gautama 7
Gottheiten Yoga 119
Gottheitenyoga 82
Grundlegenden Abhandlung der Weisheit 62
Haribhadr 111
Hinayana 8, 75, 86
Kalachakra Tantra 54
Kamalashila 33
Karma 42, 54, 85
Madhyamaka 21, 27, 30
Madhyamaka Prasangika 27
Madhyamaka-Prasangika 28
Madhyamaka-Prasangika-Schule 32
Madhyamika-Schule 28, 33
Madyamaka-Schule 122, 135, 136
Madyamaka-System 131
Mahaparinirvana 19
Mahayana 8, 75, 86, 118, 130
Mahayana-Schulen 122
Mahayana-Sutren 53
Mandala 53, 61, 83, 135
Manjushri 53, 56, 79, 98, 113, 118, 119, 120, 134
Mantra 59, 119, 134
Mantren 56, 117, 127, 135
Marpa 78
Maudgalyayana 54
Meister Hashang 33
Milarepa 78
Mittleren Weges 25
Mittlerer-Weg-Schule 122
moksha 19
Nagarjuna 20, 33, 62, 129
Nirmanakaya 78
Nirvana 12, 13, 19, 20, 25, 26, 72, 84, 98, 111, 128
Nur-Geist-Schule 122
paramitas 8, 52
Parinirvana 80, 112
Prajanparamita 79
Prajnaparamita Sutra 112
Pratimoksha 52
Rupakaya 51

sadhana 117
Sambhogakaya 78
samsara 25
Sangha 55, 75
Sautantrika 28
Sautrantika 15, 27, 91
Schule des Mittleren Weges 21
sechs Primär-Bewusstseinszustände 16
shamata 84
shamatha 8, 113
Shantideva 44
Shariputra 54
shunyata 26, 110
Sieben Zweige 55
siebenfachen Ursache und Wirkung 42
Stupa 54
Sugata 78
Sutra 8, 79
Sutren 10
Tantra 60, 81, 82, 130, 134
Tantra-Disziplin 53
Tantraklassen 53
Tantrayana 8, 34, 75, 130
tantrische Meditation 34, 53
tantrischen Buddhismus 53
Tara 53, 56, 57, 59, 79, 99, 113, 118, 119, 133
Tara-Position 80
Tathagata-Familie 118
Tathagatha 78
Traum-Bewusstsein 132
Traum-Yoga 117
Traumkörper 132
Tsongkhapa 129
Vaibhashika 28
Vaibhashika-Schule 15, 19, 90
Vajra 119
Vajra-Position 54, 80
Vajrapani 53, 56, 57, 79, 98, 113, 118, 119, 120
Vier edlen Wahrheiten 11
Vinaya 52
vipashyana 8, 34
vipashyana-Praxis 35
Wahrheitskörper 61, 78
Windenergie 60
Yoga 21, 76, 77, 82, 108, 118, 119
Yoga Tantra 76, 79, 93, 115, 117
Yogacarins 33
Yogas 81
Yogatantra 33
Yogi 78
yogische direkte Wahrnehmung 20
Zufluchtnahme 55, 111
Zufluchtsmantra 55
Zufluchtsobjekte 55, 56, 78, 98
Zufluchtssymbole 78
Zwölf Gliedern des abhängigen Entstehens 10